MENU DESIGN
GUIDE FOR MAKING PROFIT

菜单赢利规划指南

王小白◎著

机械工业出版社
CHINA MACHINE PRESS

菜单决定着一家餐厅经营的命运，其品牌、特色和利润等都可以通过菜单来反映，菜单是餐厅经营的本质所在。为了能够启发更多餐饮人的经营思路，不盲目投资，减少不必要的损失，能够在品牌的不同阶段持续改善经营，本书将菜单规划的思路和方法系统地呈现出来。

全书紧紧围绕"菜单是一家餐厅的品牌表达，菜单是一家餐厅的无声推销，菜单是一家餐厅的赢利模型"来展开，以菜单为切入点，透析餐饮经营的本质，抓住餐厅从粗放经营到精细化运营的核心，提供了降本增效最直接有效的思维方法。

通过全面介绍菜单规划的秘诀，本书可以帮助餐饮人顺应时代和餐饮市场竞争的需求，走好初创或转型升级的每一步，重新调整对菜单的认知思维，有效解决餐厅经营中的实际问题。

图书在版编目（CIP）数据

菜单赢利规划指南／王小白著. —北京：机械工业出版社，2019.6（2025.1 重印）

ISBN 978 - 7 - 111 - 62895 - 8

Ⅰ.①菜… Ⅱ.①王… Ⅲ.①餐馆—经营管理—指南

Ⅳ.① F719.3 - 62

中国版本图书馆 CIP 数据核字（2019）第 103727 号

机械工业出版社（北京市百万庄大街 22 号 邮政编码 100037）

策划编辑：曹雅君	责任编辑：曹雅君
责任校对：李 伟	封面设计：可圈可点
责任印制：任维东	

北京瑞禾彩色印刷有限公司印刷

2025 年 1 月第 1 版 · 第 7 次印刷

145mm×210mm · 8.25 印张 · 1 插页 · 138 千字

标准书号：ISBN 978 - 7 - 111 - 62895 - 8

定价：68.00 元

电话服务	网络服务
客服电话：010 - 88361066	机 工 官 网：www.cmpbook.com
010 - 88379833	机 工 官 博：weibo.com/cmp1952
010 - 68326294	金 书 网：www.golden-book.com
封底无防伪标均为盗版	机工教育服务网：www.cmpedu.com

本书及相关课程所获赞誉

认识王小白老师还是从她写《好菜单炼成心法：从四个维度看眉州小吃菜单设计》这篇文章开始的。

做了二十多年餐饮，做了不下千份菜单，可我从来没有提炼过做菜单的核心思想，只是凭感觉来，这篇文章点醒了梦中人，让我如获至宝。

这两年我们常常在一起讨论菜单，思想上的碰撞，专业上的探讨，落地时的执行，一份小小的菜单，聚集着宇宙般的能量。王小白老师的钻研帮助我们餐饮人解决了很多经营上的问题，提升了效率。

——*眉州东坡总裁　梁棣*

餐厅的一切经营活动是围绕菜单展开的，菜单即餐厅的战略。

西贝莜面村从初创到现在的三十年，从未停止过关于制定一本好菜单的探索。至今我们使用过的菜单已不下百种版本，每个版本增菜、减菜等微调操作更是不计其数，但在我心中，仍不满意。

因为职业的关系，每每到了不同品牌的餐饮店里，都会仔细地看一看这家店的菜单，每一家的菜单都各有特点。会和同行一起交流，切磋一下关于菜单的心得，大家也是见仁见智。无关对错，但确有高低之分。

王小白现在正做的努力弥足珍贵。她作为一名餐饮业的非从业者，沉浸于菜单一事长达四年的时间，从各个不同的角度来审视整个行业在菜单这件事上的状态，并用心地去研究菜单。她懂顾客，也理解餐饮行业，积累许久，终于集众家之长和自己的研究成果，汇集成一本完整的书籍呈现出来。

衷心希望像王小白这样对餐饮行业有无限热情的研究者能越来越多。作为一名餐饮老兵，我对此充满期待。

——西贝莜面村董事长　贾国龙

好的菜单会"说话"。菜单是餐企通往消费者的一个重要窗口，更考验着餐企对品牌的理解和功力。如果产品是企业发展之根，菜单则是产品表达的无声媒介，决定了效率与销售转化。此书对菜单背后的核心价值有着较深的洞见。

——巴奴毛肚火锅创始人　杜中兵

2014年在互联网餐饮俱乐部里认识了王小白，因探讨菜单定位设计而相熟，从2015年初看着她从菜单品类的空白点开创了菜单规划，到现在成为国内菜单结构规划的领头人，网络上的很多文章都出自于她手，帮助了老餐饮人进行优化，新餐饮人少走弯路，打造了菜单规划品类的新学科。

——南京百纳餐饮创始人　吕晓阳

从事餐饮行业经营及管理20余年了，目睹了餐饮企业的兴盛和衰败。作为民生第一大行业餐饮业，在时代的车轮下不断向前，中国现代餐饮行业的发展走过了三十多年的历程。从单店发展到连锁经营，从国营企业到民营股份制，机制和模式都在发生着翻天覆地的改变。

菜单学的诞生，是现代餐饮理论体系发展过程中重要的组成部分，是建立在生产学与管理学系统基础之上的应用型理论系统，是结合了行为学、市场营销学、广告学和消费心理学等多种学科的核心理论而构建的现代餐饮管理学科，并在数千家企业、数万家门店的实际经营当中实践后的理论体系，是中国现代餐饮企业经营中重要的指导型理论。

《菜单赢利规划指南》从菜单的产品结构入手，深入浅出，为餐饮经营者的经营决策提供了强有力的支撑，为广大餐饮人在摸索探求成功之路的过程中点燃了明灯。让餐饮人更加清晰地掌握餐饮门店的经营核心，学会在市场中生存与发展。

王小白老师经过学践合一、笃思践行的摸索，在餐饮行业中深受企业家和跟随者的认可，相信《菜单赢利规划指南》的出版，必将会给更多的餐饮人带来更大的收获。

——华食共和管理咨询首席顾问　龙国东

王小白老师的《菜单赢利规划指南》终于付梓了，甚是欣喜，对于餐饮初创者而言，这绝对是一本最有价值的餐饮指南，没有之一。

大多数餐饮人并不真正理解菜单对一家餐饮店的重要意义，可以说菜单才是一家餐饮店的核心。老板最重要的事情就是不断地对菜单进行优化，因为它影响餐厅的毛利、品牌的定位、人员的效率。我在菜单赢利规划课上受益良多，希望它能帮助更多的餐饮人走出困境、提升效率，助力中国餐饮品牌走向世界。

——仔皇煲创始人　薛国巍

王小白老师通俗易懂的教学给了我很多新的思路、新的灵感，并将学到的内容在后续工作中进行实践。

课程给我带来了思维改变，对菜单有了再认识，才发现以往的菜单存在太多的不足，我总结了之前菜单的几个问题点：① 分页菜单影响点餐时间；② 设计太花哨，没有重点；③ 战斗口号不明显；④ 消费人群没有定位；⑤ 无品牌故事；⑥ 无信任状；⑦ 无爆品文案。

学完课程后，我们马上召集研发、运营小组对菜单进行更新，过程中老师还给了我很多意见，印象比较深刻的是我们有一句广告文案——所有面 +3 元可换成好吃的乌冬面，王小白老师提出了更好的广告文案——所有面 +3 元可换成你更爱的乌冬面。一个词语的更改，都会有不同的效果。

一个月后，我们一本全新的菜单面世了。新菜单中品类明确、品牌表达有文案、分类清晰、招牌菜突出、主次分明、有视觉美感，引导消费者点选我们最希望他们点的菜品。同时，让我们的营业额提升了好几个等级，顾客点菜的时间也缩短了很多，搭配及选择更加一目了然，提高了门店的整体营运效率，同时客单价也提高了10%，这是课程内容实践后最直观的改变。在此特别感谢王小白老师给我们带来实实在在的帮助！

——神田川日式拉面经理　陶红莉

我是王小白老师家乡南通的餐饮人。2018年上半年，我上了老师的菜单规划课程，给了我一个最大的领悟：使我掌握了菜单规划设计的原理。

2017年底，我们创立了一个定位在商超、菜品为南通菜的中餐品牌"锅里岩"，业绩尚可。但菜品混乱，品牌表达全无，品类没明示，战斗口号和信任状都没有，对外只宣传了一些情怀类的东西。

2018年6月上完课回来后，我立即重新规划产品和菜单，经过落地调整，下半年，锅里岩门店的效益得到了很大的提高：下半年利润比上半年增长近一倍！

更为重要的是：由于对菜单规划原理的掌握，极大地增强了我餐饮经营创新的自信心，成为我不断创新发展的最有力的武器。感谢菜单赢利规划课程的开发者王小白老师！

——江苏刘巧儿餐饮管理有限公司董事长　昝少华

自从上了王小白老师的菜单课，我发现菜单能帮我赚大钱。规划后的菜单使客人下单准确，目标产品集中爆发，厨房备餐轻松，营业额也翻倍增长。

如今，我每两个月主动更新一次菜单。我相信没有完美的菜单，只有不断精进的菜单！

——小妍子手工甜品创始人　黄敏仪

王小白老师的菜单规划课程帮我把盲目出新品、跟风市场的网红店成功改造成如今更专业、清晰的甜品店。我把菜品分为旗舰产品、金牛产品、利润产品和引流产品。

如今，我们的传播速度极快，其中一个门店在改变两个月后做到了东莞市南城区面包甜品类第一名，门店营业额增长31.6%，美团外卖的单量和营业额至今已增长了两倍。我们的目标是做到该品类在东莞市的第一名，争取更多的市场份额。

——美子家（Dear Chiffon）法式甜品创始人　尤夏靖

我经营的产品品类是手工千层蛋糕，王小白老师的课程给我带来了思维的改变，让我觉得菜单的重要性不只是表面看到的那么简单。

原来我们店只是像微商一样售卖产品，上课后，增加了美团外卖服务，使运营结构得以调整，运营效率随之得以提高。我们从一家不知名的小店成长为惠州蛋糕类美团外卖排名第一。

非常感谢王小白老师，让我们不只是盲目地做好产品，更懂得菜单对用户的价值。

——蕾迪家创始人　潘蕾蕾

2017 年年底第一次学习王小白老师的课程，让我们这个从健身跨界到餐饮的 90 后创业团队对菜单规划有了新的认知，并在餐饮 + 互联网外卖的红海时期增量发展。

从原有的 12 家门店发展到现在的 100 多家门店（原来有 100 多种产品，优化后剩下 30 多个），30 平方米的店营业额翻倍（原单日最高 4500 单，优化后单日最高 18000 多单），厨房出餐也更有秩序，人效、时效、坪效等多方面的精细化运营能力都大大提升，门店的利润最多翻了四倍，让我们更有信心影响更多人形成健康的饮食习惯和积极向上的生活态度！

——超能鹿战队创始人　穆子龙

客官是一家以"江南味道"为主打的中式连锁餐厅，创立初期敢作敢为，在发展阶段，很快进入"懵圈"状态，特别是在"菜单"上，总觉得哪儿不对，但始终突破不了。

踏破铁鞋无觅处，得来全不费功夫！好不容易找到战斗口号为"无规划，不菜单"的菜单赢利规划课程。连续三次走进王小白老师的课堂，既提高自我，又降本增利，最大的收获还是"道以明向"，心得和业绩如下：第一，以外围思维彻底改变了内部思考，学会了方法论，掌握了"无规划，不菜单"的真谛。第二，舍弃经验，打开边界，寻找自我，"改变"才是成就事业或延续成功的法宝。第三，少即是多，慢即是快，舍即是得，只有狠心去聚焦与创新，才能改变原先一切的纠结。第四，经过三个月的学习与整理，仅"降本增效"一项，总营收提升20%，净利提高5%。

——客官创始人　支益华

做餐饮十几年了，随着时代潮流的不断演变，餐饮业的竞争也越来越激烈，新品牌如雨后春笋般地涌现，餐饮业已成为硝烟过后片甲不留的红海。消费者时代来临，一切以用户体验为先。

我们"厨房乐章"也面临着前所未有的挑战，带着困惑走进菜单规划开创者王小白老师的课堂。"无规划，不菜单"，这句话扎根在了我心里。规划好一本菜单，在当下高手对决、剩者为王时代，可以有四两拨千斤之神奇。

经营企业并非是经营餐厅，而是经营我们的用户，要让用户快速认知我们的品牌，一定要聚焦品类，专注做好核心产品。用战斗口号、品牌故事、信任状提高用户对品牌的好感度。

一份规划好的菜单，可以让用户轻松愉快且精准地选到我们精心为他设计的菜品，让他感受到产品及品牌价值。一份规划好的菜单，是餐厅赢利的保障，用数据化、智能化、精细化的科学方法论，提高运营效率，建立起行业竞争壁垒。

——上海帆顺餐饮董事长　周继红

从"偶遇"王小白老师到上菜单赢利规划课，老师的课程一直都在不断精进，课程由浅到深，不断给出更多可以实践落地的工具，打破了很多固有思维，是一个学了就可以上手使用的"宝贝"，是餐饮人"不学不知道，一学就说晚来学"的好课程。

学完这个课程，我们的利润实现了90%的增长，给我一个最大的启发就是"生活无处不规划"，好结构就是好效率。这是一个非常实用的课程，强烈推荐大家阅读《菜单赢利规划指南》。

——潮汕第壹粉创始人　赖继鹏

菜单是品牌的使用说明书，是排兵布阵的战略图纸。王小白老师的菜单规划课颠覆了我对菜单的认知，更让我意识到了产品结构的重要性，通过实践落地结构效率的提升，实实在在地达到了降本增效的目的。落地实践5个月以来，整体营业额的翻倍，用户点餐的集中度、复购率、品牌核心价值观的传播率、员工的工作效率，都以指数级增长，并且通过菜单规划的学习，也让我悟到了菜单不仅仅是一张纸、一个册子或者一个 iPad。

——春丽家炭烤鲜牛肉创始人　刘楠

对于所有跟九毛九一样拥有 100 家以上全直营门店的中餐品牌来说，想把每一道菜都做到极致是不可能的。企业的资源有限，王小白老师带给我们的启示首先是"招牌菜"意识，即集中力量用大资源把几道菜"设计"到最好，这里之所以用"设计"一词，所涵盖的不仅仅是口味，而是从食材开始到呈现方式一切与顾客体验直接相关的东西。更进一步围绕招牌菜的产品结构意识，我认为正是"降本增效"的核心所在。这是一本帮助你发现问题的书！

——九毛九餐饮集团大区经理　黄兆红

王小白老师的课程给我带来的三大思维改变：

认知效率大于结构效率，结构效率大于运营效率。菜单规划是一个系统工程，尤其在事先的结构规划是提高整体效率的核心。创始人必须重视菜单规划的结构框架内容设计而不是一味地先考虑具体的某道菜的设计。

菜单设计的核心思维模型是价值创造，必须站在顾客的角度，由外而内地思考菜单的设计路径。

根据自身品牌的现状不盲目崇拜、跟随领导品牌的具体策略。特别是王小白老师在课上对西贝菜单的分析实战，彻底点醒了我的认知。

当前落地的具体做法有：从成本、设备、厨师技术、操作空间、菜系风格、品控、供应链、顾客喜好等方面重新定位规划了菜单的基调，提高了部门协同作战的效率；重新梳理了定价原则，以产品、服务为主导思想，确定符合品牌现阶段打法的价格策略；优化了试菜的路径图，初试定基因、成术、口味、稳定性，二试定价值、定价格，三试带妆彩排，全面审核。

相信《菜单赢利规划指南》一定会带给大家很多的思维改变。

——酷公社榴莲比萨创始人　陈之晨

结合王小白老师所授课程的内容，我们九府羊品牌重新梳理了产品结构，缩减菜品数量20%。围绕主打产品"鲜羊火锅"提炼出八大护法菜品，在菜单的设计中，品类明确、主次分明，重点菜品重新梳理文案介绍，同时结合店铺陈列，所有视觉焦点位都放置核心产品介绍，在顾客进店之后，反复对其进行视觉暗示。

经过对菜单规划原理的应用，我们锁定的护法菜品基本上做到了桌桌必点，爆品营收占比提高了5%，同时客单价提高了10%。单店的火爆也推动了品牌的发展。

王小白老师教给大家的不仅是菜单的结构设计，而是通过菜单建立起来的赢利模型。正是由于她的专注研究，才有了这本书，相信本书一定会给餐饮从业者带来经营创新的信心。

——九府羊鲜羊火锅开创者、创始人　赵晓丹

菜单规划能够让客户更加清楚我们的餐厅经营什么品类，餐厅的特点是什么，如何让顾客直接点选到我们想让他们点选的好产品。菜单的改变提高了顾客的进店率、点单速度和好评率，业绩也有了非常明显的提升。

——乐多滋烧仙草创始人　陈语晨

前　言

亚马逊创始人兼 CEO 贝索斯于 2010 年在其母校普林斯顿大学的演讲"伟大的人生只与选择有关，与天赋、贫富无关"，被视为经典之作，被列为商界 100 篇经典演讲，激励了无数人。

善良比聪明更难

我估测了祖母每天要吸几支香烟，每支香烟要吸几口等，然后心满意足地得出了一个合理的数字。接着，我捅了捅坐在前面的祖母的头，又拍了拍她的肩膀，然后骄傲地宣称："每吸两分钟的烟，你就少活九年……"我的祖母哭泣起来……祖父注视着我，沉默片刻，然后轻轻地、平静地说："杰夫，有一天你会明白，善良比聪明更难。"

选择比天赋更重要

聪明是一种天赋，而善良是一种选择。天赋得来很容易——毕竟它们与生俱来，而选择则颇为不易。如果一不小心，你可能被天赋所诱惑，这可能会损害你做出的选择……你们要如何运用这些天赋呢？你们会为自己的天赋感到骄傲，还是会为自己的选择感到骄傲？

追随自己内心的热情

16 年前，我萌生了创办亚马逊的想法……那样想来，这个决定确实很艰难，但是最终，我决定拼一次。我认为自己不会为尝试过后的失败而遗憾，倒是有所决定但完全不付诸行动会一直煎熬着我。在深思熟虑之后，我选择了那条不安全的道路，去追随我内心的热情。我为那个决定感到骄傲。

我看了贝索斯的话特别有感触，因为我也有一个喜欢抽烟的已逝的奶奶。我喜欢我的奶奶，从小都是跟奶奶睡觉。冬天我手脚冰凉，奶奶会把我的脚放在她温暖的腋下。虽然我没有像贝索斯那样从小会做计算，但我也很反感奶奶抽烟，也说过抽烟有害健康，可能会少活一些年。同时每次我善意地提醒奶奶时，奶奶都略带生气地说"你又没买烟给我抽"，我说"我还没赚钱呢，就算赚钱也不给你买烟"。

现在好似更加明白，善良比聪明更难的意义。聪明是一种天赋，而善良是一种选择。选择比天赋更重要。我们总以为自己是聪明的，总是无意或有意地以自己的标准和喜好去左右别人。

有一句话叫"既来之，则安之"，我想既然选择了就要坦然面对，热情追随。

我们在生活、创业等诸多事情上的选择，决定了我们的方向和结果。想想自己这些年，从江苏的一个小城市到省会南京，从南京又来到北京，在北京选择开始自己小小的创业之路。

在南京，我觉得生活过得挺安逸，或许是我对物质追求不高。可今天在北京创业的我相对那时的自己，却拥有了不同的思想、对事物不同的认知、对未来不同的期望，也许以前我连真正的期望是什么都不知道。

在南京或在北京，不创业或创业，只是一种选择，选择成长的路径，选择前进的方向。生活没有对错，好坏也只是思想态度的一种选择。

同理，一份菜单能够走多远、以什么样的方式走，都在于创始人的选择。有的人勤勤恳恳、辛劳多年，让一家店活了下来；有的人通过独特的整体规划，凭借餐饮模式、制度、流程和文化等，让餐厅开遍了全国甚至全世界。

选择来北京就是来创业的，或者说是来吃苦的，我为这个决定感到骄傲。当我选定了菜单规划这条路，一条创始之路，虽前方无灯，但我坚信自己可以为之点一盏灯，让更多的人可以寻光前行。因为菜单规划是抓本质、抓核心，更是一件有价值、有意义的事。它更像是一个宝藏，只是以前我们都忽视了它。

来到北京，我结识了很多优秀的人，有好几位优秀的餐饮人也是因为菜单而结识的，因为他们在菜单规划的实践过程中找到了降本增效的方法，我们有着相近的理念。比如眉州东坡的两位老总王刚和梁棣，在交流过程中，王总说过的一句话"结构效率大于运营效率"让我感触颇深，而我们规划的重心就是结构效率。我也特别喜欢梁姐，她曾经在我的线上课程里分享了这几年眉州小吃的菜单调整心得，让我更加坚定了方向的正确性。

再如，一次去郑州认识了巴奴毛肚火锅的创始人杜中兵。杜总特别友好，当我说我是做菜单规划的时候，杜总就说让我来规划一下他们的菜单。虽然杜总说话非常理性，不过一面之缘的决定让我觉得他又非常感性。

更有意思的是，当我们有了专注的事情，似乎万事万物就有了相通的联结。经朋友推荐去看了一位中医，这位中医一搭脉就能把身体的症状说出来，而且对历史、地理，甚至易经都有广泛、深刻的认知。原本我也只是去看看病，没想到这位中医跟我聊起了中华大地各个民族的饮食文化、医学与身体病源之间的关联。比如南方人为什么喜欢吃甜食，从地理环境和身体的结构上都诠释得非常科学。

写作本书，其中最重要的一个原因是希望大家在从事餐饮行业时能够找到简单而有效的经营之道、经营之法。因为餐饮确实是一个链条特别长、环节特别多的行业，从采购到制作再到销售及服务，每个环节都变得越来越专业。在餐饮行业竞争白热化的时代背景下，餐饮企业越来越需要懂得如何摆脱低价竞争，找到自己的核心竞争力，不断优化自己的经营效率，而经营效率又是从产品结构效率的基础上来的。

菜单结构规划是结构效率的原点，我们要既能站在消费者的角度，给他们带来最优良的用餐体验，又能从内部出发达到最优、最高的效率，降本增效、内外有效对接，才能使餐饮企业焕发出持久的生命力。

菜单是一家餐厅经营的起点和核心，是消费者埋单的媒介，是与销售直接相关的来源。不管你是新创业者还是即将创业的人，以及创业多年的餐饮老板，都希望本书能够带给你与餐饮经营有关的新的认知、新的路径和更简单有效的方法，让我们不再沦于没有方向的苦心经营。

在这里，我要感谢余奕宏先生，在我专注菜单规划的这条路上，他一直给予我很多帮助；感谢一路上支持与鼓励我的餐饮业众多的前辈：西贝的贾总，眉州东坡的王刚、梁栋，九毛九的管总，南京百纳餐饮集团的吕总、龙国东老师，是他们一直的鼓励让我有了更坚定的信念。在此也祝愿我们中国的餐饮行业能够更上一个台阶。

最后还要感谢的是，在写作本书的时候，我已经开了八期菜单赢利规划课程，课程受到了众多优秀餐饮老板和企业的认可，他们送一批批高管来学习，很多学员在学习后都将课程内容在实践中落地，得以改变、提升，这令我非常开心，也成为我能够持续专注下去的动力。

感谢眉州东坡集团、西贝莜面村、九毛九集团、同庆楼、老娘舅等600 多家餐饮企业，希望我开创的菜单规划知识体系能够让更多的人受益。

王小白

2019 年 5 月

目　录

第1章

重新定义菜单

所谓看山不是山，就是说当我们不在固有的经验里挣扎，才可能透过现象看本质，找到企业经营的起点和核心。菜单规划将是我们打开餐饮经营本质和逻辑的一把重要的钥匙。

第2章

菜单结构规划的商业价值与战略

看菜单，需要我们透过现象看本质。要想达成与企业的商业价值有正向关联、能够帮助企业管理者理清经营思路、达到降本增效等目标，最佳路径就是菜单结构规划。

第3章

决定消费者认知的品牌印象

当理解了市场由生产端转变成消费端，理解了菜单结构规划的重大价值，那么在规划菜单的开始，我们最先要明白的就是我们在消费者大脑中建立了怎样的品牌印象，这将决定着餐厅品牌建立的速度和持久度。

第4章

如何让菜单成为顶尖的
无声推销员

我们不要以局限的眼光来看一个事物，菜单也是。菜单表面是给用户点餐用的，但如果规划设计得当，会让顾客感觉菜单将是比服务员点餐更具说服力、形象力和价值感的载体。

第 5 章

是什么决定了一家餐厅的
赢利模型

管理大师德鲁克曾说:"企业的一切经营成果都在外部。"也就是说,公司内部都是成本,创造顾客才有利润。商业存活下去的结果在于有盈余。但如何取得内外一致高效的经营效益,是企业在竞争中能够存活下去必须解决的问题。

第 6 章

菜单规划案例展示和专题分享

很开心能把我的研究和实践通过图书的方式呈现给大家,早期我是以咨询的方式来接客户的菜单规划案子,从理论到实践再到理论,通过反复的验证和系统的打磨,让越来越多的餐饮人找到了方向和经营思路,从而使他们的经营有了新的改变和起色。希望本章的案例能给你带来更多的启发和指导实践的价值。

所谓看山不是山，就是说当我们不在固有的经验里挣扎，才可能透过现象看本质，找到企业经营的起点和核心。菜单规划将是我们打开餐饮经营本质和逻辑的一把重要的钥匙。

Chapter
One

第 1 章

重新定义菜单

Chapter One

所谓看山不是山，就是说当我们不在固有的经验里挣扎，才可能透过现象看本质，找到企业经营的起点和核心。 菜单规划将是我们打开餐饮经营本质和逻辑的一把重要的钥匙。

菜单只是点餐工具吗

我曾经问过很多餐饮人如何看待菜单，他们说"菜单就是个点餐工具啊！"

曾经我也问过很多餐饮人是先做菜单还是先开店，他们说"菜单都是等店开好了，要在开业前做出来的啊！"

如果你今天还把菜单当作点餐工具，那么一定要认真阅读本书，相信一定会给你带来新的认知和改变。

如果你今天已经知道菜单规划的重要性，那么恭喜你选对书了。

菜单规划是我开创的新品类，帮助了众多餐饮人降本增效，甚至扭亏为赢。一些学员说以前在经营中做了很多努力，例如在服务、卫生、促销等方面，但是都没能提升营业额，非常辛苦却未能有效地提升经营业绩，但在菜单被重新规划后有了起色，营业额大幅上升，净利润也得以提升。所以，本书取名为《菜单赢利规划指南》。

如果你只是把菜单看成一个点餐工具，那么菜单只是需要设计一下，只是停留在设计呈现的那个视觉画面而已。

现在看来，把"菜单设计"当成菜单的全部，耽误了餐饮人很多年，也是导致目前餐饮行业缺乏系统的经营思路的根源所在。因为设计讲求的是拍摄效果、排版，是视觉方面的，只是菜单的呈现形式，是我们看到的现象而已。

如果你要问菜单赢利结构规划到底是规划什么的，我相信通过本书你会找到答案，即透过菜单现象看到餐饮经营的核心本质。

首先，我们来看菜单上有什么。

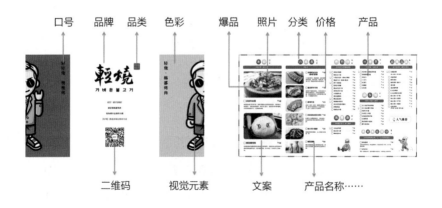

菜单上应有的常规元素

由上图可知，菜单上通常有品牌名、品类名、口号、产品、爆品、价格、产品分类、产品名称和文案等很多元素。当我们把菜单拆解来看，才会发现原来菜单上有如此多的经营要素。所以当我们转变思维，不再就现象谈现象，而是能看到现象背后的东西及产生的价值时，一定会给我们的经营带来新的提升。

我们完全可以把菜单比作行军作战图，行军作战不是靠图片，而是靠主帅如何布局兵力、如何知己知彼、如何奇袭等，强调的是战略布局和策略，而策略则包含定价、营销和品牌，它们构成了经营的全局。

如今已经从生产者的时代进入消费者的时代，并且形成以消费者需求为主导的市场了。在生产者的时代，市场的竞争主要以空间占领为主导，时代的变化和发展也是相对缓慢的。那个时代的餐饮企业很多年没有太大的变化也一样赚钱，很多人说那个时候是"躺赚"。我有一位客户就是这样，生小孩后七八年待在家里没怎么管过餐厅，最近两年才发现利润下滑明显，于是开始管理餐厅，思考和学习如何提升餐厅的经营。

现在到了消费者的时代，一切都要以消费者的需求为主导，移动互联网加速了我们对信息的获取和认知。消费者需求变化快，如果这个时代的商业还停留在上个时代的固态思维中，不快速学习和迭代经营思维，就不会适应时代的发展，也会让自己陷入不安与焦虑之中。

所以认清时代是我们个体不被时代所淘汰、能够立足于这个时代潮流中非常重要的一个认知。

时代发展快、变化快，必然会导致市场的竞争环境也愈加激烈。十多年前你还看不起的餐饮小生意，到现在，不管是高学历的还是有点想法的人都开始进入餐饮这个看似门槛很低的行业。其实这些人进来了才发现，餐饮真的没有想象的那么好做。

所以我们是先战而后求胜，还是先胜而后求战呢？从这个思维角度出发，我们就会追问自己是干了再说，还是有经营逻辑地规划好再干！

如果你是后者的思维，那么再次恭喜你，菜单规划就是让我们能先胜而后求战。因为菜单是一家餐厅经营的起点和核心，是餐厅的商业计划书、行军作战图，是经营餐饮的逻辑、本质所在。

所以，我们再也不能用局部的设计来代替经营全局的结构部署了，这既是盲人摸象也是本末倒置。菜单规划在先，菜单设计在后，菜单规划是本，菜单设计是末。

如果把决定餐厅经营生死的菜单随便交给一个印刷公司，或是没有规划地请一家设计公司来做，都是餐饮老板最大的失误。

"菜单规划"这个餐饮行业的细分品类是在余奕宏老师敏锐的市场洞察下定位而来，当时提出菜单规划战略的时候，一位从事30多年餐饮业的泰斗级人物说"你可是发现了这个行业里一个巨大的痛点"，那就是餐饮老板居然马马虎虎地对待菜单，甚至有些人临近开业了才找人来设计菜单。而他很早就意识到菜单规划的重要性，对此非常重视，奈何苦于无人共鸣。当我开始研究菜单规划时，得到了这位老师的巨大支持。

因此，我立志要帮助餐饮人解决这个痛点，开创了菜单规划这个品类，同时定位自己为菜单结构规划师。我应该是第一个提出这个定位的人，把菜单规划上升到战略层面，相当于开创一个新的品类，这是一个巨大的挑战。

由于数十年来餐饮人的习惯性思维，把菜单设计当成菜单的全部，因此早期我其实是承担着培育和引导市场的任务。以一己之力来启迪整个市场，难度可想而知。但是当我认清事物的本质和带来的后续客户高价值的时候，即使先期再辛苦，也是非常值得的。因为我相信哪里有痛点，哪里就有市场。

未来的市场一定属于能够为企业提供专业价值和以提升企业效率为目标的公司。

同样，菜单设计也是有思路可循的，在我提供的菜单设计思路里，不仅仅是以往拍摄的照片、设计的排版图这么简单，菜单设计也有设计的思维和目标。否则，一切的设计很可能变成自说自话，甚至可能是画蛇添足、喧宾夺主。

菜单上有什么？菜单只是点餐工具吗？当你看到上面这些核心经营要素的时候，以及你透过现象看到本质的时候，你就会发现，单纯的设计是不可能帮助你完成这些项目的。

菜单不是工具，它是经营的本质。

02

一定要摈弃的菜单"十宗罪"

菜单本无罪，被忽视、被误解，才是罪。

从我提出"菜单就是一个商业模式"到"脱离品牌定位谈菜单设计，有术无道"，明确了菜单的重要性，再也不是你认为的把菜品照片请人排个版，再也不是简单地请设计师美化、加工一下菜单。所以，经过研究和实践，我总结出以下忽视**菜单规划**的"十宗罪"。

1. 脱离品牌定位谈菜单规划与设计

定位是什么？定位其实就是聚焦、细分并深入你的品类，是一场关于心智的竞争。然而看似简单的一句话，却是多少人都难以做到的事，原因在于没有真正领会聚焦、细分、深入和心智的真正意义！

我认为这是企业第一战略。无定位、无认知，哪来的心智占领，又何谈品牌呢？

品牌如此，企业如此，人亦如此。

菜单实质上是在帮助顾客购买餐饮企业销售的产品，即产生销售的介质。既然是销售，就跟消费者相关，跟营业额和利润相关，精准的品牌定位是我们的第一战略。

更确切地讲，品牌定位就是品类战略，它解决了我是谁、卖什么、卖给谁、他们为什么选择我以及我有什么与众不同等问题。

可以说，没有准确定位的餐厅很难生存，不能清晰表达餐厅定位的菜单就是一份不合格的菜单。这是菜单的原罪，也是第一宗罪。

2. 没有聚焦

餐饮业已经从粗放经营提升到精细化运营管理，已经过了"什么都能做"的时代了，大而全的机会微乎其微了。我们调研了身边的众多餐饮人，其中餐饮企业最容易赔钱的一大类型就是大而全、多元化、贪大贪多嚼不烂型。

更何况没有集中优势和资源就难以在一个细分领域立足，不聚焦拿什么拼！

门头战略开创者余奕宏曾说："每个人都拥有各种资源，这些资源好比太阳，而一个人的能力就是一个放大镜，市场的需求就好像一张纸。如果我们不知道在太阳和那张纸之间做好聚焦，手持放大镜东晃西晃，那张纸一万年也不会燃烧。"

在此，我呼吁必须聚焦！聚焦你的优势资源、你的核心产品、你的消费人群、你的品牌理念，做好各方面聚焦的一致性，才能打穿市场，不断燃烧，越走越远！只有聚焦，才能找到企业真正的核心竞争力。

菜单上没有聚焦的品类，没有聚焦的爆品或爆品组合，这是菜单的第二宗罪。

3. 品牌不突出，形象无表达

在很多菜单上几乎没有品牌名的正确显露，使得顾客饭都吃完了却记不住这家餐厅叫什么名字，实属可惜！

既然已经到了品牌化的时代，我们就应该勇敢地把自己的品牌突出展示出来。当然不是说有个名字就是品牌了，它还需要长期地累积势能。

品牌如人，人如品牌，品牌一样需要塑造出独特的性格、内涵，品牌是一个有温度的、可以唤起共鸣的人格体。

所以，品牌名需配合品牌定位，做形象化的展示和有价值的输出。需要深刻理解的一点就是，菜单是近距离接触顾客的媒体。从广告传播学上来讲，我们需要注重菜单与消费者沟通，最后达到品牌理念的传递。

菜单上应该能清晰地传递自己的品牌印象，而不是千篇一律的大路货。如果不能在菜单上进行完整的、深入消费者心智的品牌表达，那么损失的是消费者对我们品牌的感知度、好感度，丧失的是品牌建立的无形资产。

品牌不突出，形象无表达，这是菜单的第三宗罪。

4．产品结构混乱

产品是基石，尤其在餐饮行业。有人说"产品为王"，但是餐厅的产品比零售业的产品更复杂，也更丰富。餐厅提供的不是单一的某一道菜，而往往是一个产品组合。在不同的场景下，不同的餐厅提供给了消费者不同的产品组合方案，这才是菜单上核心的产品结构。

我们从基础的架构来看，产品结构就是爆品、主次、分类、搭配，要求爆品突出、主次分明、分类明确、搭配合理。

我经常看到一些菜单上的主品与其他产品是顺序排下来的，也许主品会被放在前面，但并没有被突出，也没有主品对应的品牌形象化展示，主品与其他相关产品并没有实质上的心智区隔。这对于消费者来说，他们在主品的选择概率上会下降很多，主品在消费者的印象中也会缺失很多。

分类更是一个关键问题，是以食材分还是以烹饪方式分，是有所总结、创新，还是以其他方式分，这些问题都是非常值得推敲的，因为这是消费者搜寻菜品的一级导航。

关于菜品的分类，分类太多，人们会难以选择，不知道该选什么；分类太少，似乎没菜可点。这是一个博弈，却可以根据消费主体的消费场景来进行配置，根据主品和延伸产品的合理搭配来进行优化。

产品结构混乱，其中最大的一个问题就是导致客户啥都记不住，更容易吃得不满意，导致口碑差、顾客不来了，对内更是没有效率、没有品效。这是菜单的第四宗罪。

5. 定价无章法

定价是定什么？是毛利率还是性价比？在我看来，我们应该在消费者和业态模型的基础上做定价。如果你都不知道餐厅的消费者是谁，他们的消费能力、消费心理如何，那么何谈定价呢？

同时，对于业态模型来说，你选择做快餐、轻餐还是别的？你选择进购物中心还是社区？不同的模型，不同的消费者选择，定价自然不可一概而论。

定价定客群，定价定江山，定价跟成本、竞争和需求正相关，跟选择品类也有很大的关联。

跟随同行定价、无章法的定价，要么直接导致利润低下，要么价格太高消费者吃了不爽、觉得不值，这是菜单的第五宗罪。

6. 无品类、无口号、无品牌故事、无好感价值

消费者"用品类来思考，用品牌去表达"，这句经典的定位理论已经令越来越多的专家、老板、创业者耳熟能详，而且任何一个理论都值得深度思考。

品类是什么？品类战略大师里斯说"品类是商业界的新物种"。对于餐饮业而言，品类是消费者选择的入口，"吃什么"是消费者的第一思考。

在这样一个同质化竞争的时代，细分品类，即找准并占据消费者心智中的品类代表变得至关重要。比如西贝莜面村、巴奴毛肚火锅、喜家德虾仁水饺，这些餐厅经营的细分品类很明确，就很容易在消费者心中占据更多、更明确的位置。

口号，是在明确的品类定位基础上，在品牌理念的传递上，找到差异化的定位诉求，找到更能够让消费者记住，接近消费者心智，朗朗上口、易分享、易传播的一句话。比如"好空调，格力造""小饿小困来点香飘飘""更火的火锅，排队的人更多"。那么，口号到底要怎么定呢？需要考虑竞争、消费场景，一句决定战略方向、带有强定位价值的口号，广告公司收费几十万元、上百万元都是常有的事。

菜单上的口号，可以说是餐厅写给消费者的情话，是对竞争

对手发起的冲锋号，也是消费者对你有差异化好感认知的开始。

品牌故事是非常重要的一个传播内容，这让我想起 2018 年在武汉听到的靓靓蒸虾的故事。那一次是我的一个朋友带我们去吃的蒸虾，配有蘸料，质量上好的蒸出来的龙虾配上蘸料，我太喜欢了。朋友当时告诉我们，这家餐厅的创始人为了研发蒸虾蘸料，一直在家研究了半年，一度舌头因试菜而失去味觉。这样的品牌故事，听一遍，一辈子都不会忘记！而且因为有了这个故事，我一直在到处帮靓靓蒸虾免费宣传。

这就是品牌故事的魅力，千万不可小觑！

很多大品牌都有一个动人的故事，通过故事能够加强我们对品牌的认知和理解。从星巴克、麦当劳到肯德基，每一个品牌都有一个被广泛传播的故事。

故事之所在，价值之所在；故事即印象，印象即传播。

所以，没有明确的品类和口号，没有一个好的值得传播的品牌故事，又没能让消费者吃的有价值感，这是菜单的第六宗罪。

7. 不懂得透过数据分析产品的经营

我在给客户做菜单规划的时候，发现很多餐厅甚至企业的数据是非常零散、不完善的，所以让他们根据我的数据指标整理出来的数据，往往一是花的时间长，二是还达不到我的要求。

所以从无数据到有数据，从看数据到分析数据，这里肯定有一段路要走。但我相信，随着软件及各项技术的成熟，企业的数据会越来越健全。这时候就一定要懂得透过数据来分析产品的经营，这样才能真正从粗放的经营向精细化的运营迈进。

目前，大家看的比较多的可能只是销量、毛利率这些简单的指标。有时候，我们不能只看单个指标，要从多个指标来综合判断企业可能面临的问题。

之前有一位客户，我通过看财务指标发现他们的人力成本出现了非常大的问题，但是企业的运营方还说餐厅人手不够，要求加人，因为餐厅忙碌的人忙到不行，闲的人在那儿直直地站着。这个问题到底怎么解决呢？

企业一直也没找到根源所在，所以一直在其他无效的方面改进。我通过对菜单的分析和店面的巡视，给他们找到了根本原因，就是产品结构出了问题。通过帮助他们重新规划菜单结构，运营一个多月后，餐厅的成本下降了，经营效率得到了大幅提升。

所以，数据是隐藏着巨大价值的，关键在于你如何从数据中提取和分析，这也提醒我们要想真正有效地解决问题，先要找到问题真实的、正确的原因。

数据未来也会趋同，但分析数据体现的是一种经营能力。

不懂得透过数据分析产品的经营，你就很难进行精细化运营。这是菜单的第七宗罪。

8. 菜单排版无主次、无引导

这里的主次主要指的是菜品的排版位置，这个问题依然很关键！

如果你的菜单规划得很好，但设计师没有把规划的目的通过设计的菜单展示出来，那么跟经营也是脱节的，很容易功亏一篑。所以，规划与设计是紧密相连的。设计师一定要理解规划的目标，否则就不可能把菜单设计好。

主次，其中的主就是你的主品、爆品，它们一定要被排在最前面、最显眼的地方，同时要区别于其他菜品。

引导就是你要让消费者按适当的消费逻辑来选择菜品，以期达到自己想卖的产品与消费者点选的产品相符合的目的。如果能够达到餐厅经营的预期，我想这样一份菜单就是一部引导战略图，打持久战真的需要依靠它。

主次，是你为消费者做得最好的选择；引导，则是你如何引导消费者点到最佳产品组合。

菜单排版无主次、无引导会导致消费者乱点一通、体验差，不管是对餐厅还是消费者，都会造成不良后果，这是菜单的第八宗罪。

9.摄影、设计形式、风格脱离品牌调性

摄影不是自顾自地拍，而是要根据设计方案的需求来进行，设计方案则要根据品牌定位来进行。设计方案包含设计形式、风格和用色等。

设计形式就是选择做折页、册子，使用液晶屏还是报刊类等，这些都是表现形式。风格就是设计师经常会问客户"你喜欢什么样的风格啊？工业风还是江户风？"等。

色彩是一门学问，色彩学关系到心理学、生理学、美学等，是研究色彩的产生、接受及其应用规律的科学。

在对应品牌传播的形式化展现上，到底怎么选择色彩及搭配、怎样调动消费者对品牌正确的心理感知，在色彩运用上的确需要仔细推敲。

比如蓝色代表冷静、智慧，橙色代表温暖、活泼，每个颜色

都有它的个性和心理影响。

不适合的色彩，会让人产生厌恶和距离感；适合的色彩，会让人愉悦和舒适。

设计师在了解品牌定位后，要思考究竟以什么样的风格将菜单更好地展示给消费者，使之符合我们的品牌调性。

菜单从形式到风格到色彩，不是随机设计的，也不是以自己喜好设计的。好的摄影和设计都应该与品牌定位契合，符合品牌特有的思想和风格，用适合品牌调性的形式和风格跟消费者沟通。

但遗憾的是，我们看到市面上90%的菜单都没有契合品牌的消费人群和调性，花了不少钱却没有得到消费者的喜欢和认可，这是菜单的第九宗罪。

10. 盲目跟风、盲目加菜，越加越不赚钱

很多餐饮人会说："我做了这么多好产品，就是为了满足顾客的需求！为什么他们还是不满意，有的时候甚至觉得没菜可点呢?"

加法是餐饮业以前最容易的做法，老板、厨师出去吃一遍，就能研发出好多菜品。在物质短缺的时代，大家很多东西没吃过，只要商家推出新品，大家都会心向往之。但是时代不

同了，我们必须随着时代的发展、人群消费需求的转变来进行产品结构的调整。

物质过剩的时代已经到来，加法已然成为过去时。如果我们还陷在以前的经验里，不理解这个时代的特征和消费者，就不可能赚钱。

在一个供大于求的时代，不是多而全，而是少而精。

做加法是餐饮人一直以来的常态，是人性的惯性使然，而减法相对来说是违背人性的，但却会越来越符合现在以至未来的需求，更重要的是减法减出来的是消费者对我们品牌精准的认知。

所以不要再只加不减，做了一堆产品，不仅成本高昂、浪费加剧，消费者更不知道你到底是卖什么的了。这是菜单的第十宗罪。

菜单十宗罪是我通过深度研究和客户实践总结得来的，希望可以让大家更深层次地洞察自己餐厅菜单的问题所在。大家可以对照自家的菜单，看看我们犯了上面的哪几个错误。只有先找到自己的真正问题，才可能得到更有效的解决方案。

03

时代不同，菜单的进化有何不同

生物在进化，生命也在进化，各行各业都在进化、分化。我们不可抵御和忽略这个不断变化着的世界，也不可小看每天一点点成长的累积。

上个十年，上上个十年，在此时此地与那时那刻，想想我们自己有没有什么变化。我自己回想十年前，其实这个时代都不用十年，五年前除了亲戚朋友和工作的同事，很少有人认识我，我也只是王小白，不代表任何其他的产品或是品类，也不具备价值认知。而今天我是王小白——菜单结构规划师，设计了一个品类并将此品类不断地发扬出去。

人如品牌，品牌如人，对此我们可以从时间、人群和价值三个维度来分析。总体来看，时间是朋友，人群是认知，价值是赋能。今天的自己经过几年的聚焦、专注与沉淀，得到了更多餐饮人的认可，因为持续地输出在菜单规划方面的价值，同时也给自己的个人品牌聚集了能量。

当然，做成一个品牌，很多时候要看天时、地利、人和。任何行业都离不开所处的时代，不同的时代会有不同的特征和不同的经营作战方针。

如果我们把餐饮按时代来划分，同样可以归集为工厂时代、市场时代和心智时代。

不同时代的市场供需

工厂时代供小于求，物质极端缺乏，只要生产得出来就卖得出去，菜单可以随便排、产品也可以任性卖。比如那时候的沙县小吃。

市场时代供需相对平衡，卖得出去就生产得出来，企业开始追求高端大气上档次。比如以外婆家、绿茶为代表的餐厅，它们有高颜值的装修，当然还有那些高档的酒楼、会所。

到了如今这个时代，我们更想称之为心智时代，供给大于需求，物质开始过剩，同质化竞争严重。看到购物中心里餐饮店铺的数量越来越多，各路人马也开始参与到餐饮行业，餐厅的品类竞争也越来越激烈。

所以，餐饮企业开始进入一个新的阶段。

1. 高手对决期

餐厅的生意远远没以前好做了，因为和你竞争的不再只是隔壁老王或是老张了，而是全国性、区域性的连锁品牌。过去我们只需开好餐厅，未来我们还需要经营好企业、经营好品牌。

2. 品牌化、连锁化、规模化

随着更多购物中心在全国渠道的布局，餐饮企业走向品牌化、连锁化、规模化成为必然。未来餐饮行业将从极度分散向规模化品牌集中。

3. 从粗放到精细化运营

由此，餐饮企业也必然会进入真正的企业管理阶段，那就要改变个体粗放经营，从而升级为企业精细化的运营和管理。

我们可以看到，大家更愿意主动学习了，因为学习是一个组织的持续生产力、创造力。也正因如此，我们才能看到这个时代里诞生的优秀的学习平台，比如混沌大学、得到等。

时代在变，人们的生活、工作需求都在发生着变化，各行各业也必然会发生改变，从而更加顺应或引领这个时代。

菜单规划是我们从粗放经营进入精细化运营的根本，也是餐饮行业专业化、本质化经营的逻辑，它是这个时代的必然。

被忽略、被轻视的菜单是餐饮老板最大的失误

接下来，我们将从以下四个方面看过去与现在的对比，即如何看待菜单、如何设计菜单、如何修改菜单以及如何使用菜单。

1. 过去餐饮老板如何看待菜单？今天我们应该如何看待菜单？

过去大部分餐饮企业仅仅把菜单当作一个点餐工具，看似可有可无。而今天我们要把菜单当成商业计划书、行军作战图。这是非常大的区别，也是一个认知的跨越和提升。希望大家一定要理解这一点，只有理解了，才能更明白规划的意义所在。

2. 过去餐饮老板如何设计菜单？今天餐饮老板如何设计菜单？

过去餐饮老板往往在印刷菜单之前找印刷公司的排版员做个设计，重视一些的找个设计师。今天我们应该聘请专业的、有商业设计思维的设计师，他要对菜单结构有所理解，这样才能将规划的有效性落实到菜单设计里。

3. 过去餐饮老板如何修改菜单？今天餐饮老板如何修改菜单？

过去一张菜单一年甚至几年都不会改、不会换，我有个客户说他之前的菜单八九年都没有换过，自己也因为照顾小孩一直在家，这两年生意越来越难做，才开始从家里转战店里，学习并规划调整菜单。而今天优秀的餐饮企业或者明白菜单规划重要性的餐饮人，每年都会有计划地整改菜单，每个季度甚至每个月都要调整菜单。

4. 过去餐饮老板如何使用菜单？今天餐饮老板如何使用菜单？

过去就是服务员随便把菜单拿给顾客，让顾客自己随意选择。今天我们需要让老板明白菜单的使用价值，更需要对全员进行菜单培训，引导顾客使用菜单点餐。

——一客户菜单规划之前的一直用的旧菜单册子

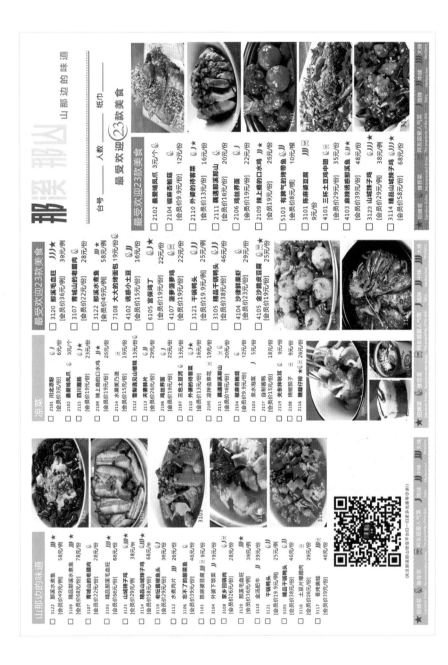

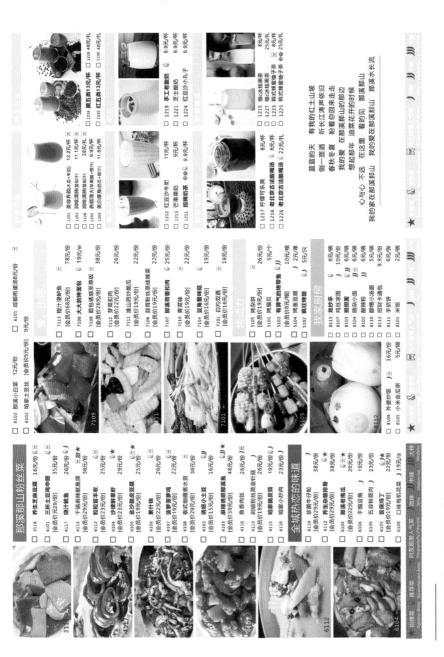

一学员菜单规划之前的旧菜单单页

以上是我的客户和学员之前的部分菜单，一种是册子，另一种是单页。其实，以前这样的菜单比比皆是，无商业逻辑，无设计引导。因为他们在设计这些菜单时，没有思考为什么这样设计，没有知其所以然，所以设计出来的菜单也就是可以点餐而已，这都是菜单没有科学规划的结果。

现在的菜单要求科学规划和引导设计，需要老板站在战略的高度去思考和规划菜单，通过对消费者的心理和行为分析，通过科学的规划，再加上有效的引导设计，让菜单真正成为餐厅的顶尖推销员。

05

重新认识菜单功能，建立科学菜单系统

今天，我相信越来越多的人了解到了菜单规划的价值。几年来，我通过微信公众号王小白发表文章，以及一期期的菜单赢利规划课程，让很多学员通过学习来改变和实践菜单规划。他们不仅从思维上先行于市场得到提升，更让自己经营的餐厅或企业得到赢利的增长，这是我们坚定不移一直聚焦于菜单规划的动力，让我们看到创造价值的美好人生。

规划好菜单，重点在于我们要重新认识菜单的功能，建立科学的菜单系统。

1. 菜单是一家餐厅的经营起点和核心

所有的商业都需要计划书，菜单就是餐厅的商业计划书，一切都要从菜单规划开始。

如果你要开一家餐厅，应该先从规划菜单开始，而不是先开了店再做菜单。

2. 菜单是一家餐厅的商业模型

谁是你的顾客、谁是你的竞争对手、如何定价、销售方式如何、品牌如何以及靠什么赚钱等，这些都可以在菜单规划里实现。

3. 菜单诱发顾客来店动机

首先要安排好招牌菜、引流菜品、时令菜品等，产品就是吸引顾客、诱发顾客到店的最好理由。尤其是一些品牌店，如何出新来获取新顾客，以及让老顾客再次上门，菜单是非常关键的一环。

4. 菜单可以表达和彰显品牌价值

品牌的内涵可以在菜单上展示出来，而菜单的纸质、形式、设计、体验都要与品牌的内涵理念一致。一旦错位，就会引发顾客的错乱。

5. 菜单左右餐厅的经营利润

菜单最终是为了消费者点餐而设计的，是产生销售的最有力武器。所以定价方式、套餐组合以及赢利水平如何，就看你如何规划菜单里的产品结构了。

6. 菜单增加顾客满意度和回头率、转介绍率

科学合理的菜单布局、产品结构、爆品组合会让顾客吃得满意，更容易推荐给其他人。

菜单有着很强的留客功能，尤其对于新顾客，导致他吃不好、心情不好的原因往往就是菜单设置不合理，由此导致他不会再来。现在的竞争如此激烈，客户都上门了，再让他们流失了，这是非常可惜的。

从菜单的战略功能来讲，我们总结了菜单最核心的三大功能：

- 菜单是一家餐厅的品牌表达
- 菜单是一家餐厅的无声推销
- 菜单是一家餐厅的赢利模型

后文我们依然会重点讲解这三大功能，同时这也是菜单规划的三大核心所在。

所以，再也不能忽视菜单了，菜单是战略，是经营的起点和核心，是餐饮企业有效经营、找到最佳利润来源的体现。

我们通过对菜单上核心经营要素的结构规划，即通过结构效率，最后帮助企业达成运营效率的最大化，真正做到降本增效。

可以说，菜单是打开餐饮经营本质和逻辑的一把重要的钥匙。

看菜单，需要我们透过现象看本质。要想达成与企业的商业价值有正向关联、能够帮助企业管理者理清经营思路、达到降本增效等目标，最佳路径就是菜单结构规划。

Chapter
Two

第2章

菜单结构规划的商业价值与战略

Chapter Two

看菜单，需要我们透过现象看本质。 要想达成与企业的商业价值有正向关联、能够帮助企业管理者理清经营思路、达到降本增效等目标，最佳路径就是菜单结构规划。

什么样的菜单才是顾客眼里的好菜单

这里的关键词是"顾客眼里"。

我们每个人、每个品牌的外在认知属性是怎么形成的呢？在于我们个人和品牌在他人眼里形成怎样的印象，在他人口里可以形成怎样的传播。

重要的不是我们自己怎么看、怎么想、怎么认为，而是顾客怎么看、怎么想、怎么认为。每一位老板都要知道，菜单不是给自己用的，而是给顾客用的。顾客眼里的好菜单，才是真正的好菜单。

这里体现出内部思维与外部思维的区别，内部思维往往从企业自身需求出发，而外部思维则是从用户、顾客的角度出发来思考问题。

餐饮业属于服务业，是为消费者服务的，所以从消费者的角度出发，站在他们的立场思考问题是前提条件。

好的菜单就是要从顾客拿到菜单的那一刻开始让他有主人般的感觉，让他感受到一个美好的点餐过程。美食才会美得其所，顾客才会再光顾。

在研究和服务客户的过程中，我们发现以下六个要点是消费者非常在意的。你的菜单如果能够在这六个方面得到消费者的认可，那么就会成为他们眼中的好菜单。

1. 招牌菜清晰易识别

之所以叫"招牌菜"，就是做得最好、最棒的菜品。招牌菜一定要亮出来，所谓亮出来，就是一定要让顾客一下就能识别出你的招牌菜，并感觉好。

说到这里我想到一个取舍的问题。很多餐饮人一定觉得店里这个也好、那个也好，所以很难排出哪个菜是第一。如果你不帮顾客做好产品选择，顾客就更难选择了。其实作为一个对餐厅不熟悉的顾客，当他看着陌生的菜单时，更希望你已经替他做了最好的选择。

这就是为什么餐厅老板请客吃饭，他通常不用看菜单都能把菜点得很好，而顾客自己点菜的时候就存在差距。在实际生活中，我恰好也遇到了这样的情况。有一次和朋友去一家餐厅，当时体验很不好，就跟朋友说下次再也不去了。后来我们认识了这家店的老板，他请我们在同样的餐厅吃饭，体验下来感觉还不错。所以作为普通消费者，我们其实是不太理解餐厅的产品及组合的，而老板却可以点出最好的一桌菜品。

所以，作为餐厅的招牌菜，更应该成为客户必点的第一道菜，一定要足够大并且放到显眼的位置，而且要给顾客提供足够的点选理由。

2. 招牌菜独具差异化价值

顾客是否点招牌菜，最根本的原因在于它有何与众不同。

同样是酸菜鱼，有的店的招牌菜叫酸菜鱼，有的叫柠檬老坛酸菜鱼；同样是比萨，有的店的招牌叫比萨，有的叫榴莲比萨；同样是粥，有的店的招牌就叫粥，有的叫深海石斑鱼粥。

首先，产品的差异化在哪里？产品的差异化在于食材的差异化与产品研发能力的差异化，以及产品顾客价值的差异化。

其次，利益的诉求点在哪里？利益的诉求点在于你想通过产品整体呈现给消费者什么样的印象。是健康、营养、无污染，还是热辣、过瘾，抑或清新、甜美等。产品的食材、工艺、利益诉求点是我们形成独具差异化价值的两大维度。

如何形成和表达产品的差异化？利益的诉求点在哪里？在后文的内容里会给大家详细拆解。

两家不同的品牌烤鱼，你会更倾向选择哪一家？

两家不同的餐厅都在做烤鱼，你会更倾向选择哪一家呢？哪
一家让你感受到差异化的特色了呢？相信不用我说，你也能
感受到。

3. 产品分类清晰、点选方便

菜单上的产品分类是将彼此关系较为密切的产品进行整理的
分类方式。对于西餐，比较简单，包括前菜、主食、汤和点
心之类。对于中餐，菜式比西餐更多、更美味，分类也是五
花八门。但不管多复杂，中餐大致有三种基本的分类方式，
即按食材、按烹饪方式和按场景分类。

菜单上产品分类的目的和效果有两个，一是让客人更容易选
择产品，二是让客人快速接收到产品传达的信息。

不要小看分类，绝大多数菜单的分类缺乏科学性，只是根据老板或者厨师的想象进行了简单的分类。事实上，分类科学不仅让顾客容易点选，还会让顾客觉得丰富有趣。

分类太多、太少或者太乱都会给顾客点选增加麻烦，所以不要小看分类，这是菜单规划非常重要的一步。

菜单分类做得好，快速点餐不可少。

4. 菜品命名浅显易懂、有诱惑力

好的命名是成功的一半，产品需要好名字，品牌也需要好名字，餐厅菜品更需要好名字。

这个时代的人越来越怕复杂，所以面对几十道甚至上百道菜品，菜品的命名也是一个关键，它同样需要有脱颖而出的效果。

同样是奶茶，有的店叫珍珠奶茶，有的店叫芝士奶盖奶茶。同样是臊子面，有的店叫陕西臊子面，有的店叫舌尖上的臊子面。

我的一位经营火锅店的学员跟我说，他的菜单上有一个虾滑产品，原来就叫虾滑，后来改名为鲜虾滑，加一个"鲜"字，销量竟然直线上升了。你觉得意外吗？真的一点都不意外。

品牌命名是战略，名字起好了就成功了一半，因为从传播的角度和企业品类的角度来看，都有紧密的联系。产品命名也是一样的道理。

命名是感召，菜品命名同样是一门学问，需要我们多加斟酌。

5.菜品价格易看易懂

定价即利润，定价错，全部错。

我们发现不少菜单的产品价格定得比较零乱，有的还带角分，似乎要考验顾客的计算能力，同时也增加了顾客的点单时间。由于很多菜单的产品像列表一样排列得密密麻麻，如果价格也是参差不齐，可想而知，这样的菜单是不会让消费者产生任何好感的。

我们不妨想象一下，不管是满足刚需的快餐还是满足社交需求的中餐，消费者往往在心里会有一个消费金额预期，这是我们定价、确定客单价进而圈定消费人群的原因。

产品的价格区间怎么定，首先要符合餐厅的消费人群。在菜单上，产品的价格如何排列，如何不让消费者感觉到贵，如何让消费者感觉到吃得值，这是个非常关键的问题。

6.菜单视觉有品牌美感

颜值时代，菜单岂能没有颜值。

爱美之心，人皆有之。第一眼印象有时候就决定了我们的好恶，所以这几年餐厅的硬装都越来越漂亮，每家餐厅都似在争先比美。

可是菜单呢？似乎与整个店的氛围非常不搭。经常看到有些餐厅装潢不错，可是一看菜单，它就像一个被遗忘的角落。菜单是决定顾客点餐的媒介，菜品的颜值、价值的表达都可以决定顾客的点餐选择。尤其在美的视觉传达上，有时候同样一道菜，照片与设计的美感就可以左右顾客的选择。

所以不能再无视与顾客连接的菜单了，我们要多站在消费者的角度思考，不要跟他们讲理性，而更多地要关注他们的感性接触点。

以上这六点就构成了"顾客眼里"的好菜单，给顾客留下第一个好印象，就从好菜单开始。对照一下自己的菜单，这六点你做到了几点？

02

眉州小吃菜单的修炼精进之路

每一份菜单都代表着一家企业的经营思路和产品导向。

好菜单一定是修炼出来的，菜单规划是个系统工程，不是一蹴而就的事，经营企业有多长，菜单将永远跟随，规划将永不停止。

这里的菜单，我想跟大家再明确一下，不是说有一张纸、一本册子、一个电子屏才叫菜单，只要有产品出售，就有菜单。菜单是结构化的经营布局，所以规划将一直存在，单页也好、册子也罢，这只是表现形式、承载形式而已。

在大家还普遍认为菜单只是一个点餐工具的时候，殊不知一些餐饮企业已经先知先觉，将菜单这个餐饮经营本质作为切入口进行了变革与升级。

我在专注研究菜单规划的过程中认识了很多优秀的餐饮企业和企业家，例如西贝的创始人贾国龙、巴奴毛肚火锅的杜仲兵、眉州东坡酒楼的王刚和梁棣，他们兢兢业业几十年在餐饮行业奋斗，同时也在很多关键时刻做出了勇敢的选择。

因对菜单规划的共识，有幸结识眉州东坡总裁梁棣，人称中国第一美厨娘。基于对菜单战略的共识，我们经常在一起探讨。在 2018 年的新菜单上，我给他们的企业做了内训和指导，帮助他们做出了具有极大价值的菜单。

好菜单真的不是一天形成的，正如长城不是一天砌成的。这里的好不是说菜单形式上的好，而是菜单内在的好。什么是菜单内在的好呢？就是菜单能带来对内及对外效率的提升，才是真的好。

历年菜单菜品分布特点

2014年前

为纸质一次性黑白划单

无菜品图片

排序杂乱无章

菜品数量繁多

2014年6月

为铜版纸印刷彩色菜单

增加菜品图片、品牌介绍及各分店信息

开始有主打产品(四大天王、八大金刚)

菜品数量繁多

来自四川的味道·美味又健康

2016年

聚焦招牌菜品担担面

分类明确

主打菜品占据菜单首页位置

菜品数量开始减少，聚焦

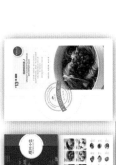

历年菜单菜品分布特点

2015年

明确担担面的招牌菜地位

增加了担担面的年销售数量

突出担担面为招牌产品

菜品数量繁多

来自四川的味道·美味又健康

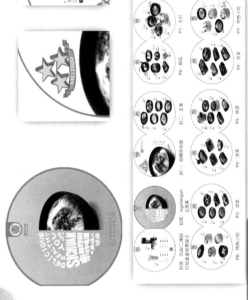

眉州小吃菜单如今趋势

2017年

确定十二道米其
林星级菜品

更精简的菜品，
更有重点的宣
传，更年轻化
的设计

来自四川的味道·美味又健康

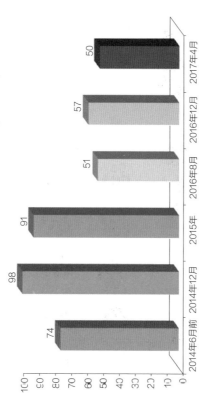

2014—2017年主菜单菜品数量变化情况（单位：道）

历年菜单中的菜品数量

来自四川的味道·美味又健康

从上图可知，历经了四年，眉州小吃终于慢慢摸到菜单的门道，同时体会到菜单的调整给他们带来的运营效率提升。

我们可以看到，眉州小吃的菜单在 2014 年以前也同样不被重视，这是普遍存在的现象。因为那时候餐厅就是粗放经营的，那个时代的菜单可以不用规划，生意一样很好，赚钱很多。

最初，眉州小吃的单页纸质菜单是黑白的，无菜品图片，菜品简单一致排列、菜品数量较多。

他们在 2014 年 6 月开始改菜单，菜单被重视。改成铜版纸印刷的彩色菜单，增加了菜品图片、品牌介绍及分店信息，开始有了主打产品，比如四大天王、八大金刚，比之前的菜单好很多。但是，此时菜单上的菜品数量依然很多。

再看 2015 年的菜单，这次有了较大突破，明确以"四川担担面"为招牌菜品，增加了产品文案，突出招牌产品，但是菜品数量依然繁多。所以这是不是也验证了我所讲的，以前是做加法容易，现在要做减法真的是太难了。

到了 2016 年，同样聚焦招牌菜品担担面，分类上做的更加明确，主打菜品更加突出品牌感，这时菜品数量开始减少、聚焦。

从规划的角度来看，2016 年的菜单是非常有价值的一个转变，而且设计元素上更具有四川小吃的文化以及信任背书，同时纸质更好，带有异形的折页，翻开看一目了然。

2017 年眉州小吃的菜单做成了册子，视觉上更加年轻化，又做了一个"米其林星级"菜品的区分，划分了三星、二星、一星的产品权重。这个思路是好的，但这只是企业内部的一个划分结构，消费者对于眉州小吃的产品根本不可能有米其林几星的产品认知。同时，改成更年轻化的册子菜单来呈现，对于相对刚需的小吃来讲，不是很有必要。

我们今天看到眉州小吃的菜单呈现，体现出了企业四年来不断精进、不断迭代的过程。

梁总说："以前我是厨师，一直特别关注的是客人需要什么，我们就做什么。反正就是不知不觉地慢慢增加菜品，最多的时候达到了 120 多道菜。后来发现眉州小吃的效率特别低，厨房越来越大，门店面积也比以前大，员工的数量也比以前多。"

经过四次迭代，他们找到了自己的产品主线，规划了更科学、更合理的产品结构。

看了上面眉州小吃菜单一步步的迭代与精进，就会发现一个企业的成长与菜单规划是分不开的，而这里面关乎竞争、品牌定位以及产品架构。

然而，2017 年这本册子菜单体现出了企业容易犯的内部思维错误。其实任何个人或企业，即使已经走在了正确的道路上，也还是容易用内部思维来考量事情。那么，内部思维是什么呢？就是从自我角度出发来思考如何处理事情，而没有从外部出发，即用消费者的角度去思考。

为什么现在需要从消费者的角度来思考呢？因为当供大于求的时候，话语权就从生产端转向了消费端，不再是以商家为导向，而是要以消费者的认知和需求为导向。

从 2016 年版的具有四川文化的折页菜单到 2017 年更显年轻化的册子菜单，这显然是一次突变。为什么说是突变呢？因为内部思维的东西加重了，而且菜品没有之前易点了，产品结构也发生了改变。

在 2018 年年中，在眉州小吃又准备换新菜单之际，我给眉州小吃做了一次更改菜单的内训和指导，通过相关的销售数据和财务数据，发现了明显的问题，而企业运营者却没有在这个明显的问题上找到原因所在。

这个明显的问题就是其中有一个数据，有的店面人工占比已比正常数据高很多，然而门店运营者还觉得人工不够用，在观察店面的时候也确实发现他们有些忙乱。门店经营者觉得营收上不去，他们想到的可能是菜品不够丰富、不够新颖。所以从 2017 年到 2018 年，眉州小吃研发了好多新菜品，还上了自主点餐的麻辣烫。好在麻辣烫卖得不好，于是又不做了。

卖麻辣烫，要分食材、要穿串，还要烫，这会增加多少成本，又会降低多少效率？不知道一个企业在上新菜品时，有没有做过相应的核算。

这都是内部思维容易犯的错。接下来，我们看一下内训指导前后眉州小吃菜单的变化。

如下图所示的前菜单正准备印刷，当时我说等我给你们做完内训再印刷不迟。这份新菜单依然没有分类结构，经营效率依然是很难提升的。

眉州小吃内训前的菜单

眉州小吃内训后的菜单

上图是我指导后做的新菜单，在投入一个多月运营后，我问了一下梁总有没有改善，梁总笑着回答说"整个运营效率得到了良好的提升"，这也是我希望并且可以预见到的。

03

菜单规划的四大核心商业价值

菜单规划的价值在于四个字——降本增效，降本增效的结果是增强企业的核心竞争力。

企业的经营其实就是围绕这四个字。降低成本、增加效率，才能做到开源节流，才能实现利润滚滚、可持续经营。因此，菜单规划是餐厅经营的第一战略。掌握了菜单规划就掌握了经营的核心，这正是隐藏在菜单里的企业的核心秘密。

有一次与西贝莜面村的贾总交流，他说菜单是餐饮经营的一，当时我听了十分高兴，因为我在菜单赢利规划课程上也是这样跟学员分享的，找到这个一，即根源所在，才会有一生二、二生三、三生万物。

九毛九的管总也说，衡量一个餐饮老板是不是懂餐饮，就是看他能不能看得懂菜单。具体来说，科学的菜单规划要实现以下四大核心商业价值。

1. 控制食材和能源、损耗费用（降本）

可以想象一下，同样拥有100道菜的两家中餐厅，为什么两家的利润会有明显的差距？有一个重要的成本，就是食材的成本，它是由产品的数量与品种决定的。而菜单规划决定了产品的数量和品种，决定了供应链食材的需求。我们可以通过规划降低食材的成本、减少采购的压力、减少库存和浪费，同时相对集中、合理地运用食材，能够提高食材的使用率、通用性和运转率，保持食材的好品质。

菜品不是越多越好，而是越集中效率越高。如果一家餐厅的前十名菜品销售额能占餐厅总销售额的50%~70%，这家餐厅想不赚钱都难。

请记住，每一分的食材浪费损害的都是企业的利润，而每一元的成本节省带来的也都是企业的利润。

2. 控制人工费用（降本）

餐厅的人工主要是厨师、服务员，这些人工都是围绕产品来配置的，所以产品数量的多少、选择制作工艺和标准的不同，会影响厨房压力的大小。正因如此，它们也会影响服务操作量的多少。因此，合理的产品结构的规划可以减少加工与操作的流程，即可减少人工费用。

我们可以考虑用设备或人工智能来替代部分人工。在第三方供应链产品越来越丰富、越来越发达的今天，我们还可以通过规划第三方供应链产品来减少厨房加工的压力。

3. 提高工作效率（增效）

规划合理的产品结构，在节省食材和人工的基础上，在运用先进设备的同时，我们的一切目的都是为了提高工作效率。同样两家店单位时间内工作效率的不同，将会给它们带来不同的收益。

菜品的结构直接决定了厨房的动线、加工方式和加工工艺，所以厨房的效率其实不是由厨师长决定的，而是由老板规划的菜单决定的。

比如同样业态、品类的店，一个店有优化的 50 道菜品，另一个店有未进行优化的 100 道菜品。从这一点来看，谁的效率更高是完全可以预见的。

在人工越来越贵的今天，通过菜单规划降低用工人数，提升工作效率，事半功倍。我们曾经帮助过很多餐厅通过菜单的优化，减少了人工，大大提高了效率，再也没有那种顾客点单一多就乱成一团的现象。出品更稳定，顾客更满意，员工更轻松，企业更赢利。

4．扩大传播效应（增效）

菜单规划做得好，还能扩大传播效应？这一点可能很多餐饮人都没有觉察到。

对于顾客来说，菜单是点餐用的。同时我们从广告学的角度来看，菜单又是最近距离跟消费者接触的媒体，完全类同于纸媒。有了这样的认识后，我们就可以轻松地理解为什么菜单可以扮演好扩大传播效应的角色了。

当我们把明确的品牌概念、产品的核心价值都集中在菜单上进行表达和强化时，得以跟顾客最近距离的接触，还有比这更好的传播方式吗？

菜单上清晰的品类名、品牌名、战斗口号、品牌故事、品牌信任状，一个都不能少。通过高频使用的菜单，让顾客一次就记住我们的爆品，信任我们的品牌，传播我们的故事、口号。成功的品牌都懂得规划好这一切，让顾客按照自己的意愿来传播。

不要认为顾客是应该知道我们、理解我们的，而是我们要更清楚地表达我们的立场、品牌的内涵以及产品的差异化、价值感等。这样顾客在看到的时候，才更明白我们是谁，才更懂得如何向他们的朋友进行介绍或者推荐。

让顾客成为你最好的推销员，从菜单上的品牌印象开始。

通过以上对菜单规划的四大核心商业价值的分析，我设计了菜单规划改变三大成本结构的图示，这样可以帮助我们更加直观地理解。

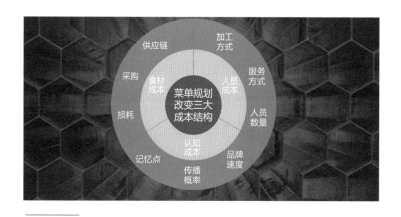

菜单规划改变三大成本结构

菜单规划改变三大成本结构，一是食材成本，它跟产品的供应链、采购与损耗正相关；二是人员成本，它跟产品的加工方式、服务方式和人员数量正相关；三是认知成本，它跟顾客对品牌或产品的记忆点、传播概率以及品牌的建设速度正相关。

根据这张图及方法论，我的一位学员成功地将人工从 30 人降到了 20 人，减了 10 个人工，食材成本也大大降低，营收和净利润都大幅增长，后文会将案例展示给大家。

菜单规划的三大战略功能

当认识到菜单不仅仅是工具时，我们就会慢慢看见菜单背后的价值，就会发现菜单有着主宰餐厅经营命运的本事。

通过我对菜单的深度洞察以及长期的研究和实践，总结出菜单规划的三大战略功能，也是对菜单最有效的评判标准。

1. 菜单是一家餐厅的品牌表达

好的感知来自于菜单给顾客带来的品牌印象。

2. 菜单是一家餐厅的无声推销

优秀的菜单是最省心省钱省力的高级销售顾问。

3. 菜单是一家餐厅的赢利模型

优秀的菜单会让顾客点餐满意而商家操控赢利。

如果我们能够从这三方面规划菜单，那么就不会被菜单的表象所迷惑，就能够实现餐厅品牌和赢利效益的最大化。

在我的眼里，菜单有两种，一种是战略型菜单，另一种是工具型菜单。战略型菜单有三大战略功能，而工具型菜单只有一个点菜功能。

与其说我们是在规划菜单，不如说我们是在规划一家餐厅的赢利结构模型。而当我们从一张菜单出发时，我们的方向和着力点就会显现出来。就像行军作战图一样，如果没有主帅想出如何赢的战略，如何配置好人力、物力、财力，那么下面的各个作战单位只会零散应对，最终不能达成协调统一的作战部署。

所以，战略型菜单规划的缺失，才是导致绝大多数餐厅经营无序、忙乱，甚至亏损、倒闭的最终原因。

从现在开始正视菜单规划的战略方向，是我们作为餐饮创始人与高管势在必行的核心工作。

03

当理解了市场由生产端转变成消费端，理解了
菜单结构规划的重大价值，那么在规划菜单的
开始，我们最先要明白的就是我们在消费者大
脑中建立了怎样的品牌印象，这将决定着餐厅
品牌建立的速度和持久度。

Chapter
Three

第 3 章

决定消费者认知
的品牌印象

Chapter Three

当理解了市场由生产端转变成消费端，理解了菜单结构规划的重大价值，那么在规划菜单的开始，我们最先要明白的就是我们在消费者大脑中建立了怎样的品牌印象，这将决定着餐厅品牌建立的速度和持久度。

01

决定餐厅能被顾客记住和传播的核心是什么

决定餐厅能被顾客记住和传播的核心是什么呢？当然是独特的、清晰的、有差异化的"品牌印象"！

最惨的餐厅莫过于顾客光顾了两次，餐厅却没有给他们留下清晰难忘的品牌印象。当然还有更惨的，就是留下恶劣的印象，使顾客再也不想去了。

我们是否想过：面临同样的环境、同样的地段、同样的顾客、同样的竞争，为什么别人的餐厅生意会那么好？为什么别人的顾客吃了开心而归？为什么别人的顾客会源源不断呢？

为什么？我们要经常多问几个为什么，我相信你一定是一个善于思考的人。

如果你能够细心观察在你的店面周围 1 ~ 2 公里范围内跟你竞争的那些店中，哪些是生意好的店、哪些是生意差的店，然后再思考好在哪里、差在哪里，那么我相信你的餐厅一定会比一般的餐厅经营得好。

而且，观察和思考同样需要路径，这样才能抓住重点。

在高度竞争的时代，餐厅的品牌印象就是决定餐厅能够被顾客记住和传播的核心，直接决定了餐厅能否成功。

我因为专注餐饮行业，所以也更容易关注我住所附近的餐厅。有一家餐厅我跟踪了近 2 年的时间，它从一个明确的做菌菇汤包的小吃休闲的店面到吃烧烤喝啤酒的店（此时改了品牌名），再到河南小吃（品牌名又改回到菌菇汤包的时候），这个时候烧烤、早餐都上了。我从他们最早做菌菇汤包时每周去两三次到烧烤店难得几个月才去一次，再到河南小吃试探性地去吃一次，到我实在不能忍受他们的出餐、服务及产品，决定不再去了。这样一个过程让我对这家餐厅的印象越来越差，这背后最核心的原因就是这家店已经不知道自己是谁了，完全从内部思维出发，而在消费者的感知里没有了精准的品牌印象，所以面临倒闭只是早晚的事。

可以说，一家没有记忆点和传播点的餐厅，是很难存活的。

02

什么是餐厅的品牌印象

"品牌印象"是什么？人与人交往会有第一印象，那些身边总是不缺朋友的人一定有着独特的人格魅力。同样，品牌印象也可以用在人与店的接触上，那些门口永远排队的人气餐厅往往有着鲜明的品牌印象。

如果从这个角度出发去思考，品牌印象则是更多地站在消费者角度的认知。他们接触到餐厅留下的印象是什么，也就是能够接收到品牌传达给他们什么样的概念。这里的重点是餐饮店的概念，而要设定并形成使餐厅生意兴隆的概念，需要遵循以下三个原则。

- 这家餐厅的概念是否明确且浅显易懂
- 这个概念能否被本地消费者欣然接受
- 店内的实际场景、服务等各方面有没有偏离这个概念主旨

比如明明是个低客单价的餐厅，只是为了解决顾客的刚需，却把店面装潢得特别豪华耀眼，这会让消费者望而却步。这样就偏离了这个业态所要传递的核心概念。

再如，有的人为了追求差异化，把烧烤店装潢得富丽堂皇、精致有加，完全破坏了烧烤店在人们心中放松消遣的认知。当品牌印象与人们的认知发生冲突，就会给消费者造成不适。

03

构成品牌印象的两大支柱

经营餐厅最重要的是要有亮点：一是要让消费者明确地知道到餐厅是吃什么的，二是餐厅会让消费者在什么样的动机和需求下产生去就餐的欲望。要把握好这两点，最关键的就是品类和场景。这也构成了品牌印象的两大支柱，这里的品类指的是以餐饮产品的品类。

品类解决的是"我是谁"的问题，你要让消费者明确地知道你是卖什么的。

比方说大的品类，如火锅、烧烤。这些年由于竞争导致品类不断分化，例如火锅的分类就有毛肚火锅、牛肉火锅、菌菇牛腩火锅等。当然其他的品类也进入分化阶段，比如虾仁水饺、酸菜炒饭等。

品类是品牌背后的品牌，是消费者认知和购买产品的最后一级分类，就是所谓的消费者"用品类来思考，用品牌来表达"。用品类来思考是指消费者脑海里想吃的是什么，品牌则用来表达这个品类。比如我想喝咖啡，就会说我们去星巴克吧；我想吃火锅，就会说我们去海底捞吧。这是成功的品牌与品类之间明确的等同价值。

场景，即在什么样的空间、时间里与谁发生了什么。很多做产品的人都说，"脱离用户场景做产品都是耍流氓"。当然，这里指的做产品的人不只是说做菜的厨师，而是更广泛的产品人，比如互联网的、科技的等，其实最重要的一点还是站在用户端去思考，任何脱离用户使用场景所做的自嗨产品都是伪产品。

餐饮业的场景也是一样的道理。这里要明确消费者的场景需求，比如是果腹还是社交，是解馋、休闲、家庭聚会、团队建设，还是美食聚会等。

星巴克首创的"第三空间"概念早已深入人心，这正是基于星巴克对"第三空间"环境构成要素的独到理解。而随着消费者对产品和服务的需求升级，星巴克也在不断地为"第三空间"赋予全新的内涵，使其概念得到不断延展与升华。如果说是消费者的需求促成空间和人的连接，那么不断地升级、变化就使得这种连接更加持久。人与人在此相聚，通过连接、交流，"第三空间"里浸润了独特的情感体验。所以说，星巴克的场景设计是为了人与人之间的情感联结。

北京三里屯的星巴克店真的非常棒，我每次去三里屯都会进去看看。那里从来不缺人气，大家坐下来小憩或交谈，完全不缺那种情感氛围的环绕。

接下来，我们再看两个案例。

品牌名：莫奈花园

品　类：法式甜品

场　景：在高颜值的舒适空间，和闺密享受一个美好的下午茶

品牌名：海底捞

品　类：火锅

场　景：在有着超级服务的餐厅里，和家人、朋友享受一次欢快
　　　　的聚餐

餐饮品牌大部分以产品的归类（即品类）作为餐厅的核心定位，场景则是为品类所匹配的消费场景。它们是相辅相成的，这样才能让消费者在一个需求对应的场景里享受美食。

你也可以自己找一些案例来说一说品类和场景的对应性，顺便看一下是否有些餐厅的品类与场景有冲突。

04

如何在菜单上做好品牌表达的"六个一"

品牌的品类与场景是品牌战略的核心方向，确定了这两个方向，我们才好在此基础上规划出产品结构和品牌理念，同时在菜单上做好一致性的表达。我们前面讲到了菜单的三大战

略功能，即菜单是一家餐厅的品牌表达、菜单是一家餐厅的无声推销、菜单是一家餐厅的赢利模型。

之所以把品牌表达放在第一位，是因为品牌才是企业永续存在的、有累积势能的、最有价值的无形资产。只是目前真正有品牌资产的餐饮品牌并不多，所以我们都还有机会。

一家餐厅，门头和菜单是品牌的主要阵地、是品牌的高地。品牌表达对于我们曾经有过广告经历的人来说都非易事，对于忙于日常经营管理的餐厅老板就更是挑战。因为要真正做出品牌表达完整而有一致性的闭环，是非常不容易的。

我们做品牌绝对不是给自己看和感觉的，而是为了让消费者感知品牌的魅力和精神所在。

我搜集了很多菜单并从中发现一个可怕的事实，至少九成的菜单在这方面有所欠缺。而表达出品牌的，真正能传达出一致性的品牌力量的菜单，往往会让人觉得这是一个有主张、有内涵的品牌。

品牌如人，人如品牌。如果一个品牌连独特的个性、主张都表达不出来，何谈被他人识别和传播。

曾经有一个朋友说，在他的朋友圈里，凡是明确知道某个人是干什么的，并能用一句话简单描述的，他都能记得这个人，然而能记得住的却是少数人。他说："王小白，你就是我一下能识别的人，并且明确知道你是做菜单规划的。"这让我非常高兴。

要想让消费者能够一目了然地了解你的品牌，菜单是个再好不过的媒介。为什么这么说呢？因为菜单是 365 天，天天无休而且可以最近距离地跟顾客接触的媒介，这种免费的广告阵地到哪里去找呢！

为了让餐饮创始人能够更轻松地理解品牌，我总结了菜单品牌表达的"六个一"。这"六个一"是品牌的形式也是内容，完整地体现了品牌的价值所在，更体现了创始人对自身品牌的深度思考。

1. 一个好名称

名称即称呼，也是名字、品牌名。听说很多明星都改过名字，我们普通人一般生下来名字就定了，可是有些讲究的人可能总想着再给自己取个好名字。

你的品牌名是灵感一现，还是早有储备，或是随意取一个自己喜欢的呢？一个品牌在创立的初始阶段，它还不能被称为品牌，只是一个代号、称呼罢了。而在时间的长河里，你将如何赋予这个品牌名独特的个性与魅力，让人们喜欢并传播，这才是重点。

其实，品牌名是可以规划设计的，所以取一个好名字，对应你想传达的品牌理念或是能够与之相联，这是战略。天图资本的投资人冯卫东老师曾说过："品牌起名这件小事，攸关生死。"

以下总结了取名的三大主要方法，即人物命名法、暗示品类命名法和以地域特色命名法。

（1）人物命名法

比如××记（杨记、松记等）或是直接用人名属性的（张妈妈、某某叔叔等）品牌，还有比如徐小壮是我的一个客户做的新品牌，就是用了原本想给他儿子取的名字。人物命名法简单易记，大家不要小看这种命名方法，其实这是品牌的最高境界，也就是人格化背书。世界的知名品牌，尤其是奢侈品品牌、贵族品牌，大多数是以创始人的名字命名的，而我们中国的很多传统老字号也是以老板的名字命名为多。

（2）暗示品类命名法

比如烤天下、九鲜坊等都跟自己所经营的品类属性相关，这样也很容易被消费者识别。名字是品牌的超级符号，中国文字是象形字，文字本身就包含了特性、寓意，甚至带有画面感、想象力。暗示品类或者特性的名字都是好名字，因为无须解释，一眼就能看明白、一句话就能说清楚，这样的名字节省了大量的传播成本。

（3）以地域特色命名法

比如归蜀第、眉州东坡，它们都有所属地域的特征。四川是个美食之都，眉州是一个地名，而苏东坡是北宋时期眉州非常著名的文学家、书法家、画家，而且还是著名的美食家。这个名字是将美食、名人与地域结合而来。

再如涪陵榨菜、金华火腿、德州扒鸡，这些带有强烈原产地属性的名字都被国家工商总局认定为"原产地商标"，既是品类发源地又是品类的代名词。

当然，由于商标法的规定，用地名作为商标品牌越来越难。但诸如"小龙坎""朝天门"等其他一些街道的名字，还是等着有心人去发现。

你的餐厅叫什么名字？有什么好的寓意和联想吗？会跟品类相关、跟人物相关或者跟地域相关吗？当然也不止这三种命名法，也有采用动物命名（比如天猫、飞猪）或是采用其他方法命名的。

不过，命名大体上要遵循的原则是：好名字要有寓意、简短、易读易写易记、减少谐音和生僻字。

好名字减少了传播成本、认知成本，提高了传播效率、认知效率。给餐厅起个好名字，也是餐厅经营的一个战略。

2. 一个好人群

这里的人群是指将你的产品卖给谁，你能服务哪个人群。

随着时代的变化，消费者的生存结构、生活方式、行为方式、购物路径都在发生着极大的变化，而更重要的是伴随着城市化进程的加速（中国的城市分层、分级更加明显）、代际变换更替频繁（90后开始被重视，95后、00后即将成为消费市场主流）、数亿的中产阶层将在未来10年不断诞生，这三大因素的共振使餐饮企业创始人迎来了最好的时代，但这也是最坏的时代，因为快速竞争的时代来临了。

对于看得懂、跟得上、学习快、改变大的企业来说，这就是最好的时代；对于看不清、反应慢、不学习、迷信老经验的企业，很有可能就被时代淘汰了。所以，我也遇到了许多在餐饮业出现七年之痒或十年之痒的客户。在这个时代里，我们需要发现一个群体，并且能够精准地描述他们的生活方式、行为路径、兴趣爱好、身份标签等。越精准越理解，越理解越能认知他们的饮食需求和场景，然后在我们的资源优势里，用合适的或极致的产品去匹配和满足这一群人。

请试着去描述一下自家店的消费人群是谁，他们的年龄、性别、职业、活动半径甚至收入、爱好等。

餐饮生意已经过了"来者是客"的时代，因为竞争也带来了餐饮品类的分化，即聚焦、专注某一细分的类别。这样才有可能在竞争中脱颖而出，而所有成功的品牌无一不是有着清晰的人群，熟知顾客才能更好地服务顾客。

3. 一个好品类

品类是战略，与我们是否能做得大、做得好以及是否做得轻松都密切相关。选择好的、对的品类，这就是做到了选择大于努力。

你是要做一个高频的消费者都有强认知的、能够拓展到全国的品类，还是做一个低频高客单价却只有少数人有认知并且开店有限的品类，这些都跟品类的选择相关。

为什么火锅成为第一大品类？就是因为火锅这个品类标准化程度极高，用工少、不依赖厨师，后端供应链相对完善，因此最容易扩张，可以开遍全国。另外像麻辣烫、串串等属于火锅品类下的细分品类，它们可以蔓延到全国的每一个角落，生命力极其旺盛，开几千家、甚至几万家店都不成问题。

再说大中餐品类，比如做徽菜、粤菜等，由于受制于标准化程度、用人数量，复制困难导致扩张慢，在一个区域开的店也非常有限。

正确地选择品类非常重要，这个选择要与自身能力、资源相匹配。有些事情，也许你看得到前景，但不一定是你能做成的。除了选择，对于处在竞争分化时代的企业来说，也在重新进行斟酌，很多餐饮的品类开始进入分化期。比如，水饺有虾仁水饺、鱼水饺，火锅有毛肚火锅、牛肉火锅等。

原来的阿五美食变成阿五黄河大鲤鱼，为什么选黄河大鲤鱼呢？首先，阿五美食的范围太宽泛，消费者已经不能清晰地认知它具体是什么品类了。其次，原本在河南有黄河大鲤鱼这道名菜，叫作宴之有鲤。最后，阿五美食原本有这道菜而且销量与口碑不错，这样对外有认知、对内有核心竞争力，同时黄河大鲤鱼本身也有很强的文化属性，用它应该是个不错的选择。

总之，请记住一句话：品牌的背后是品类，品类的背后是文化。

4. 一个好口号

当满街都是×××开创者、领导者时，我们其实需要的是一句非你莫属的口号。口号的价值是让别人记住你、传播你，最重要的一点是一定要口语化。只有口语化的口号才容易被记住、被传播，也就是我们常说的口口相传。

什么样的口号是好口号呢？想象一下，当你真实地介绍这个品牌给你的亲朋好友时会怎么说？同时能够代表品牌的差异化，能够让消费者对你产生好的印象并传播，把那句话提炼出来就是所谓的好口号。

在此，我总结了以下五个口号法则。

（1）第一及领导法则

这是以前常用的方法，大家对定位不陌生的话，对这个法则肯定也不会陌生。不过要注意，不要使用违反《广告法》的一些敏感词汇。

（2）年份法则

我看到过一个韩式炸鸡品牌，菜单上写着"专注韩式炸鸡啤酒 30 年"。这是品牌的时间累积，有些一年或是几年的品牌就没法用这种表述方式。

（3）品类属性法则

根据自己所选的品类，其有一些特殊的属性，通过提炼而得。比如我们这次帮一个客户提出的口号叫"越煮越有味儿"。听起来是不是很简单、很直白呢？但是这个口号放在别的火锅或是其他产品上就不适合，放在这里就特别体现出品类的差异化，因为他做的是卤煮火锅。后来我们发现，卤煮这个产品的特性不像常规的火锅，卤煮火锅越煮汤越好喝，食材越入味。所以，客户最终也选择了这个口号。

（4）竞争法则

我觉得巴奴毛肚火锅的口号就带着浓浓的竞争意味，不管是"服务不是巴奴的特色，毛肚和菌汤才是"，还是"更火的火锅，排队的人更多"，相信很多的餐饮人都知道巴奴毛肚火锅的对标是谁。

（5）场景法则

这个法则其实非常好理解，但也要切中消费者的场景需求。有一个消费品的口号非常对应场景法则，投放广告后销量竟噌噌上升。它就是香飘飘的"小饿小困来点香飘飘"，当广告投放到写字楼的电梯视频广告中时，这样一个场景就不断地植入到消费者的脑海里，当白领们感受到小饿小困的时候，必然会想到香飘飘。可以说，这个场景是一个非常成功的植入。

一个强有力的、可以被消费者快速传播的口号，是企业所必须做到的。余奕宏老师提出的门头战略的口号是"不换门头，就换老板"，引得很多餐饮老板心里头直痒痒，同时开始关注自己的门头。因为一旦你开的餐厅品牌没建立起来、经营得不好，就面临着关门，别人就会来替代你、给你重新换门头了，而门头上代表着品类品牌的核心要素更代表着获客的能力，所以这句口号也是威力十足。

我的菜单规划口号是"无规划，不菜单"，这句话让很多刚刚开始理解菜单规划的餐饮人明白，"没有规划的菜单不是合格的菜单"。所以我们发现，当一些餐饮店的菜单做得很差的时候，我们的学员或是知道菜单规划重要性的餐饮人如果是这家餐饮店的朋友，如果他真心希望这家店也能经营得更好的话，他往往就会向这家店推荐我们的文章或课程，告诉这家店"无规划，不菜单"。没有规划过的菜单，就不会是好菜单。

5．一个好故事

老字号的餐厅经常会有与皇帝或者文人墨客相关的故事，比如"锅盖面""焖汁萝卜""什锦如意菜"等，想来那时候下馆子还是达官贵人的事，而且用皇帝做广告也很有面子。再如，香港街头有很多美食与明星相关，TVB 捧红了很多餐厅，还有一些知名美食家的点评往往也能让餐厅成名。

如果没有名人可"蹭"怎么办？我的建议就是专注于产品，从食材到加工工艺的与众不同之处就是最好的品牌故事，既可以是创始人的故事也可以是产品力表现的故事。

我经常跟别人分享的一个故事就是 2015 年我在武汉吃"靓靓蒸虾"。席间，朋友跟我讲这个老板当初为了研发龙虾的蘸汁，居然因为做了太多尝试，导致几个月后失去味觉。我对这家店的蘸汁至今念念不忘，而我也非常喜欢吃这个蘸汁。当产品与故事相得益彰的时候，这个故事就非常有效，也被我免费传播了多次。

故事之所在，价值之所在，故事即印象，印象即传播。

6．一个信任状

我有一个朋友，她学历高，还经常参加各种资格考试，考了一堆证书，所以她换工作的工资也是越来越高。其中非常重要的一点就是她考的这些证书形成了她的信任状，即强大的学习力和才华的一个证明。

品牌如人，人如品牌。在菜单的品牌表达上如何建立品牌的好感度，很大程度上来源于我们的信任状。

信任状其实有很多种，比如名人背书、获得米其林星别、获得比赛第一等都可以成为品牌的信任状。

名称、人群、品类、口号、故事、信任状，这些都是形成品牌表达的重要元素，而且是必须在品牌印象下的和谐统一。如果我们能够在菜单上凝聚、表达好这六个方面，相信你对品牌的理解和重视以及消费者对你品牌的认知会提升很多。

04

我们不要以局限的眼光来看一个事物，菜单也是。菜单表面是给用户点餐用的，但如果规划设计得当，会让顾客感觉菜单将是比服务员点餐更具说服力、形象力和价值感的载体。

Chapter
Four

第 4 章

如何让菜单成为
顶尖的无声推销员

Chapter Four

我们不要以局限的眼光来看一个事物，菜单也是。
菜单表面是给用户点餐用的，但如果规划设计得
当，会让顾客感觉菜单将是比服务员点餐更具说服
力、形象力和价值感的载体。

01

无声推销的价值核心

从狭义的角度讲，推销是指企业营销组合策略中的人员推销，即企业推销人员通过传递信息、说服等技巧与手段，确认、激活顾客需求，并用适宜的产品满足顾客需求，以实现双方利益交换的过程。无声推销是指没有人员的推销，是一种无声胜有声的自动推销。

可以说，一张天天跟消费者接触的纸（媒体），每一次接触都是一次品牌的传播与产品的推销。

如果你的餐厅每天接待 100 位顾客，那么一张菜单就是 100 次的触达，一个月 30 天就有 3 000 次，一年则是 36 500 次，而且是精确地到达。换作广告媒介，你要实现一个有效的到达频次，广告费可是不菲的。

这么有用的媒体，你视之如宝了吗？不同的审视角度和认知自然会影响我们以不同的态度来看待菜单。从广告学的角度来看，这种媒体价值显而易见。所以战略型菜单其中的一大核心功能就是广告的功能，我们称之为无声推销。

那么，如何做到无声推销呢？首先得思考这几个问题：明确你想传达给消费者的是什么品类概念——品类品牌属性，你的定价符合你想要的哪类人群——人群属性，你的产品结构设置符合品类、品牌的诠释吗——产品属性，这三大部分是相互关联的合体。

一份好的菜单，就是一份超级棒的导购图。你不需要多余的言语，一切想要的尽在其中，因为一切合理的引导都是从消费者的认知和心智选择出发的，所以推销就变得顺其自然了，此所谓水到渠成。

推销可以无处不在，只要方向正确，品牌的一致性就能得到正确发挥。你要做的就是让菜单正确地引导消费者点餐，让好产品具有无声胜有声的力量。

让菜单成为顶尖的无声推销员，不仅可以大大降低服务员的工作量，还能给用户带来更佳的体验。毕竟我们今天面对的大多是 85 后、90 后、00 后的顾客，他们与 50 后、60 后、

70 后的顾客相比，普遍拥有更高的文化水平和独立意识。尤其是互联网文化培育下的新一代消费者，他们自我服务的意识和能力都很强，更需要相对独立自由的服务空间，这也是很多成功企业（如 ZARA、H&M、宜家）以及零售业的自选超市更受新一代消费者青睐的根本原因。

餐饮业迎来了自主和自助服务的黄金时代，微信扫码点餐、点餐机点餐、外卖 App 点餐等都在培育和引导消费者的自助服务习惯。而在以堂食为主的餐厅，如何借用菜单的科学规划达到让顾客自助服务、轻松点餐的目的，就显得尤为重要。那么，如何才能实现让菜单成为顶尖的无声推销员呢？如何才能打造顾客轻松自在而又能点到他满意、餐厅又赚钱的双赢菜单呢？首先就要从科学的、人性化的菜单目录规划开始，即分类开始。

02

菜单不能科学分类，顾客点餐就特别累

仔细回想一下，你的餐厅里是不是经常出现这样的场景或是现象：顾客把菜单从前翻到后，又从后翻到前，还是不知道

该如何点菜，然后服务员就不耐烦地去了其他桌，顾客心中有气也无从发作，结果又叫来一个服务员，让服务员推荐有什么菜值得点。这种现象造成了顾客满意度大幅降低，服务员重复劳动、低效的双输局面。

如果第二位服务员态度好的话就真诚地推荐，还能挽回顾客的心；如果态度一般，可能把最贵、最赚钱的菜推荐给了顾客；态度更差的服务员，甚至言语中会把原本就焦躁的顾客得罪了。

明明可以用菜单解决的事，我们偏偏把点单服务压在服务员身上，他们在日复一日的繁重工作中难免有情绪波动，这种情绪波动如果转移到顾客身上就无法保证餐厅服务品质如一。造成这种现象的最根本原因除了缺乏招牌菜、爆品组合外，一个最常见的原因就是"菜单分类目录不合理"。

所谓分类，是指按照种类、等级或性质分别归类，把无规律的事物按照不同的特点划分，使事物更有规律。

科学、人性化分类的目的就是按照消费者习惯的规律来做目录、索引和导航。就如一本书，精彩的目录会让你迫不及待地翻到此目录下的内容，一座图书馆首先要按照书的种类或是科目的分类，才能让读者快速找到他们想要的书。

一个手机 **App** 之所以不需要说明也能让用户轻松掌握，就是因为有科学的导航目录。互联网的产品经理有一项最重要的工作，就是研究消费者在没有任何指引下如何仅仅通过目录导航来轻松体验产品。

餐厅的老板就是餐厅的产品经理，不仅要研究菜品，更要研究消费者的消费行为习惯，其中当然包括点餐习惯。

餐厅的菜单也是一样的，将它比作一间图书馆的目录，如何引导消费者快速识别，以及快速点选到自己想吃的菜，这是在分类上要思考的事。你以前是否认真思考过这个分类的方式和意义所在呢？

首先要思考分类的目的，我们要思考的是分类能为顾客带来什么。

具体来说，分类主要有以下两个目的。

1. 让顾客更容易选择产品

菜单上的分类目录，不只是为了让商家好统计，还为了让顾客好识别、易点选。菜单上的产品分类，是将彼此关系较为密切的商品做整理的分类法。通常顾客在选择产品时一定会先从类别来找自己想要的产品。因此，类别区分要让顾客一眼能看出来，同时帮助客户一目了然。比如火锅，当然首先是锅底、蘸料，然后是主要涮料、辅助涮料、特色主食的分类，最后是饮品酒水。再如烧烤，自然是主品类爆款，再是特色小吃。饮品和酒水可以靠前，毕竟烧烤是一个夜宵场景，顾客有追求放松刺激的需求。所以相对于正餐而言，酒水更是烧烤的主品类。

再次强调，分类就是符合消费者在不同场景下的点餐习惯，老板要根据经营品类的特征来观察用户，不断调整、不断优化。分类的视觉效果和菜品分类的名称有必要设计得浅显易懂，要站在消费者的角度去思考，要用消费者能够看得懂的语言文字来描述。

很多菜单上的分类没有通用性、突出性、利益性，也没有从设计的角度思考视觉的展示效果，混乱的目录造成消费者的认知混乱，最终导致点选困难。

我们来看一个菜单分类的案例，即这样的分类给消费者带来的好感和给企业带来营收的提升。

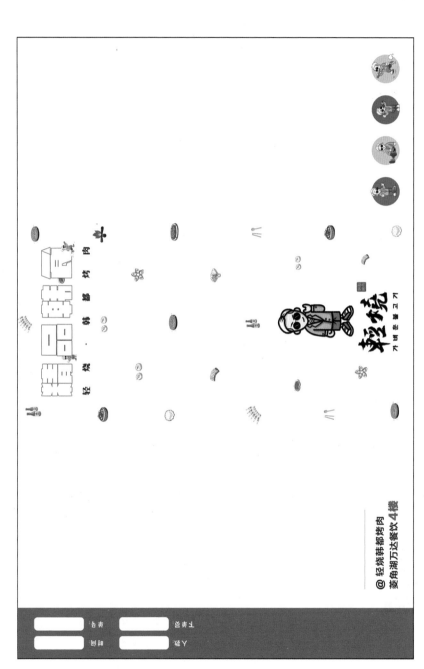

轻烧菜单规划前的旧菜单

轻松烤肉
가벼운 숯불 고기

☞ 轻烧的味道很出道了，只有我家不到！
没有我家不到！

古拿小锅 ★★★★★
轻烧王味   48

LA黑牛牛排
轻烧口味之王   18

轻烧烤五花肉（原味）   45
厚切、厚切、厚切、重客你吃五花

来轻吃五花肉（原味）   48
轻烧五花的香浓，实惠友的加体多

来轻吃五花肉（调味）   48
是不是超好吃人？点！

火球辣烤肉   38
一口一个超更更更

冰水烤大蒜蒜   28
一起烤好香辣——超香全点！

가벼운 숯불 고기
가벼운 숯불 고기

菜品	价格

各种
主菜
套餐
饮品

人气
甜点

沉浸式烤肉满满的烟火

在轻轻轻起的王牛贝	48
鱼面香菇牛肉	48
乳会王士大虾	38

牛烧五花肉（原味/调味）   38

黑牛雪饮卷   38

当季食材 有机食材
当日采购

厚味爱的新鲜精选

麦口小锅的海蒜拌盒	25
蓝林香菇拌盒	25
单份土豆片	12
单份红萝片	15
单份香蘑菇	18
单份金针菇	18

让你的日胃为之狂锅味

| 韩国泡菜 | 18 |
| 麻香辣辣的韩的菜米酱 | 28 |

黑羊拌羊老	38
烧品香花羊肉	98
骨格去骨牛小排	48
单品五香（原味/调味）	45
鲜火椒椒烤羊名	58
韩式鲜五花肉	45
腌品香精辣盒	38
戏精拌盒	38
油辣金针拌酱	32
味有豆豆的味软香	38

원육의 고기맛을 그대로 살려서

사랑해요~

吃得了 不能女心疗

王士烤鱼肉炒饭	38
王士烤蘑菇炒饭	38
石锅拌饭	28
多彩王士牛排	28
韩超炒荤	25

不吃会怎么让你后悔哦！

Bang! 辣士花豆	28
食金土腿腿	18
黑相王动物	48
万万次烤豆	38

随水化开的烟无穷

水果沙拉	28
女快沙拉	28
榴芝冰酒	38
五彩水果烧烧	28

你吃少了旧味不哭哪

| 韩超式海鲜大酱汤 | 28 |
| 豆芽汤豆 | 28 |

가벼운 불고기！
중의 있습니다~

各种 饮品
沉凉饮料 清快好味觉

烧汤必各种器 一石有红酷	10
（功能量，能够热，神鲜嫩嫩口）	
自蜂梅酒	25
初饮初乐	26
初饮初乐（柚子）	18
冰河酒	15
冰冰地味道	18
CASS生啤	18

清水果汁	10
百事系列	5
（可乐/七分/美年达）	

가벼운 숯불 고기！
让사랑했
야 맛있어~

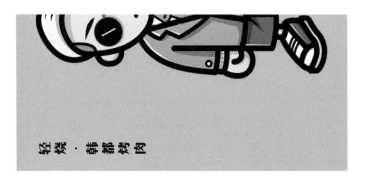

轻烧·韩都烤肉

韩都烙肉

烧

가버은불고기

@轻烧韩都烧肉

菱角湖万达餐饮4楼

【轻烧】凯德西城店即将开业

轻轻烧　慢慢烤

轻烧菜单规划后的新菜单

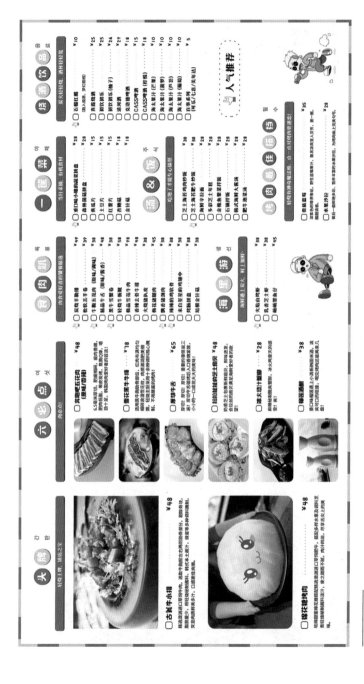

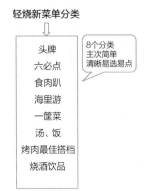

轻烧菜单规划前后对比

营收前十对比
轻烧2016.10.1-2016.10.31

轻烧旧菜单取前十营收数据

类别编码/名称	商品名称	销售次数	折后金额	折后金额占比
zp/招牌	古瓮牛小排	583	27340	11.05%
zp/招牌	奔跑吧.五花肉	433	19928	8.92%
nrl/肉类	牛腹五花肉	286	11020	7.07%
zp/招牌	奔跑吧五花肉	160	7776	4.99%
zsl/主食类	韩式石锅拌饭	153	4284	2.75%
nrl/肉类	黑牛雪蟹卷	153	5814	3.73%
zsl/主食类	芝士海苔肥牛炒饭	145	5548	3.56%
hxl/海鲜类	拉拉扯扯的芝士扇贝	143	7056	4.53%
zsl/主食类	多彩芝士年糕	129	3612	2.32%
hxl/海鲜类	火焰山烤虾	120	4560	2.92%

新菜单月营收提升10多万元
轻烧2017.2.1-2.28

轻烧新菜单取前十营收数据

中类编码/中类名称	商品名称	销售次数	折后金额	折后金额占比
zp/招牌	古瓮牛小排	1051	49397	16.46%
zp/招牌	奔跑吧五花肉	689	34224	11.41%
zp/招牌	棉花糖烤肉	383	18768	6.26%
hxl/海鲜类	拉拉扯扯的芝士扇贝	344	16848	5.62%
nrl/肉类	牛腹五花肉	338	13962	4.65%
zsl/主食类	芝士海苔牛炒饭	295	11286	3.76%
jsl/菌蔬类	重口味小姐的蔬菜拼盘	275	7784	2.59%
nrl/肉类	黑牛雪蟹卷	229	9009	3.00%
zp/招牌	冰火烧汁蟹脚	220	6244	2.08%
nrl/肉类	飘香猪颈肉	219	8512	2.84%

从上图中可以明显地看出，菜单规划后的新菜单与旧菜单在很多元素上发生了改变，无论是品类、品牌视觉、爆品等还是整个的产品结构都发生了很大的改变，从分类上尤其明显。从 11 个分类重新划分成 8 个分类，分类名也完全改变了，更符合轻烧这个年轻品牌的调性，更简单、清晰明了，让消费者更容易点选，同时点选的产品的也更集中，所以它的品牌口碑也是更一致性地好。

这样的新菜单更是带来了营收上的增长，原本还在盈亏平衡线挣扎，调整一下菜单竟然营收提升 10 多万元，开始赚钱。有人说听起来感觉好神奇，事实就是这样，第 6 章第 2 节会给大家带来这个品牌创始人的亲自分享。

2. 更准确地传达本店差异化产品和差异化服务的重要信息

分类的内容和顺序会给顾客一种先入为主的感觉，会让顾客知道本店还有这样的特色产品或是差异化服务。比如在一开始就传达出本店的特色是什么；再如一些高级餐厅有一些特定的，或是有些店的鱼是现点现杀的。如果在分类上能够一下让顾客看明白，并且把主角和配角的产品类别做好区分，就能将本店产品的差异化信息迅速地传达给顾客。

简单来说，只要下点功夫，清楚地表达产品类别的区分，就能让顾客依店家思考的方式享受点餐过程，以达到操控点餐的效果。

通常，菜单的目录规划遵循两大原则，一是顾客点选的习惯，二是老板亲身推荐的组合方式。一方面，要做到符合消费者点餐习惯；另一方面，分类就像老板亲自给顾客服务时的介绍，这样的菜单目录就会成为最佳的分类目录。最终，我们要做到分类清晰、爆品明显、价值有别、利益突出。

我们对菜品分类的前、中、后做了一些统计，放在最前面的往往都是本店主力产品的分类，有招牌菜、特色菜、十大必点、传家菜、看家菜、新品推荐、主厨推荐，甚至还有把自家的爆品拿出来单独做一个类别的；中间部分有荤类、素类、热菜、凉菜、小炒类；后面主要是甜品、主食、特制饮品、酒水、饮料。这是大体上的前后顺序，当然有些店会把饮料放在前面，这要根据你想要操控消费者点选的目的而定。

根据新一代消费者的消费特征，可以发现两个消费习惯，一是没有选择就是最好的选择，二是时间效率大于金钱投入。

没有选择就是最好的选择，乔布斯时代的苹果手机每年只发布一个机型，不仅改变了整个手机行业，也引领了整个消费潮流。从网易严选到每日优鲜，它们纷纷精简 SKU，让消费者不再从海量选择里淘精品，而是在有限精品里做出快速选择。这将是未来十年乃至二十年的消费潮流，少 SKU 比海量 SKU 要更难，因为这其中体现了企业经营者对消费者更深入的洞察和更深刻的理解。以量取胜时代结束，以质取胜时代来临。

时间效率大于金钱投入，新一代消费者对价格不敏感，但对时间效率很敏感。新一代消费者生来就不知道什么是"贫穷"，更不知道菜场为何物。他们对原材料的价格不敏感，对餐厅的菜价更是不敏感。但是互联网尤其是移动互联网培养出来的新一代消费者，对延迟满足缺乏耐心，手机消费可以实现所见即所需、所需即所得。从淘宝时代网购的两三天到达，到今天京东的次日达、当日达，甚至每日优鲜的一小时送达，美团外卖、盒马鲜生的 30 分钟极速到达，消费者被互联网消费培养得越来越没有耐心、越来越追求时间效率。因此，如果你的菜单不能帮助新一代消费者快速决策、快速下单，就容易被新一代消费者所抛弃。

优秀的企业往往能更早洞察到新一代消费者的变化，透过我们刚刚的分析就不难理解巴奴毛肚火锅的十二大护法为什么如此重要了。

除毛肚外涮菜均可点半份

深入原产地
精选好食材

巴奴
毛肚火锅

郑州地区： 台号： 　 人数： 　 月 　 日

锅底

菌汤+骨汤+牛油辣	62元	[ ]份
菌汤+骨汤+青椒辣	62元	[ ]份
菌汤+番茄+牛油辣	75元	[ ]份
菌汤+骨汤	52元	[ ]份

小料

牛油辣专用小料	6元	[ ]份
青椒辣专用小料	6元	[ ]份
香油蒜泥	6元	[ ]份
芝麻酱	6元	[ ]份
两掺料	6元	[ ]份

干料碟	4元	[ ]份
香辣酱	6元	[ ]份
糖 蒜	5元	[ ]份
辣椒圈	4元	[ ]份

十二大护法

菌汤CP-乌鸡卷 32元 [ ]份
菌汤绝配，无需酱料，一口肉一口汤，味道更鲜美。由永达定制供应。

鲜鸭血 18元 [ ]份
新鲜鸭血，企标证书，现杀现吃，口感细嫩爽滑。

鲜鸭肠 28元 [ ]份
新鲜鸭肠，当天采购，当天加工，全程冷链运输，口感鲜嫩。

全益虾 滑 44元 [ ]份
选自广东湛江南美白虾，捕捞当天加工，虾仁含量高达96%以上。

厚切牛肉 58元 [ ]份
整块上脑牛肉，肥瘦双拼，满口盈香。从国内恒都和澳洲ACC公司优选。

锡盟羔羊 46元 [ ]份
坚持14年原产地采购，生长不超过180天的锡盟大草原羔羊。

经典毛肚 65元 [ ]份
精选国内优质毛肚，天然木瓜蛋白酶嫩化，宜涮辣油，七上八下十五秒，蘸香油蒜泥，口感脆嫩。

菌汤
选用云南天然珍贵野山菌，每天大现熬，醇厚鲜香，回味悠长。

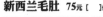

新西兰毛肚 75元 [ ]份
选自新西兰纯天然牧场的海福特牛肚，与百年畜牧公司和AFFCO合作，再次联合西南大学深度研发，保证肚子的极致和独有工艺。

十二大护法

绣球菌 32元 [ ]份
嘉阳菌种，高"β型菌葡糖"，挂汁不吸油。

黑豆腐 16元 [ ]份
非转基因黑豆、黄豆60:40，传统工艺，天然老卤点制。

火锅面筋 14元 [ ]份
巴奴定制，天然面香，柔初入味。

川 粉 12元 [ ]份
川西黄龙翻粉精制，爽滑劲道，入味厚重。定向研发历时7个月。

巴奴捆水 10元 [ ]份
好面不用酱，天然零添加。自主研发历时9个月。

菌香小油条 12元 [ ]份
低温现炸，健康菌香，采用一加一天然面团。

荤 类

鲜脑花	32元	[ ]份
鲜黄喉	42元	[ ]份
羊 眼	42元	[ ]份
精品五花肉	26元	[ ]份
梅林午餐肉	26元	[ ]份
潮州牛肉丸	28元	[ ]份
脆皮肠	24元	[ ]份
鱼豆腐	18元	[ ]份
香菜羊肉丸	30元	[ ]份

豆制品/粉类

千 张	12元	[ ]份
巴奴豆皮	12元	[ ]份
冻豆腐	12元	[ ]份
水晶粉丝	10元	[ ]份

温馨提示

■为了您和他人的食品安全，谢绝退菜。
■请爱护好小朋友，以免被烫伤、碰伤。
■请保管好您的财物。

新品上市

鲜切清江鱼	39元	[ ]半斤
手撕肚板	32元	[ ]份

现炸小酥肉	29元	[ ]份

菌类/蔬菜类

金针菇	18元	[ ]份	大白菜	10元	[ ]份
香 菇	14元	[ ]份	油麦菜	10元	[ ]份
平 菇	14元	[ ]份	萝卜片	12元	[ ]份
黑木耳	12元	[ ]份	土豆片	12元	[ ]份
海带头	10元	[ ]份	藕 片	12元	[ ]份
茼 蒿	12元	[ ]份	冬 瓜	10元	[ ]份
生 菜	10元	[ ]份	铁棍山药	22元	[ ]份
菠 菜	10元	[ ]份			

主食/甜品/其他

炸馍片	8元	[ ]份	乌龙冰粉	8元	[ ]份
巴奴捆水	10元	[ ]份	黄瓜拌花生米(小菜)	6元	[ ]份
菌香小油条	12元	[ ]份	果盘	15元	[ ]份
红糖糍粑	12元	[ ]份			

自制饮品

鲜奶山药汁	12元	[ ]瓶
青桔乌龙	12元	[ ]瓶
火龙果茉莉	12元	[ ]瓶
乌梅汤	12元	[ ]瓶
青柠优格	12元	[ ]瓶

酒水饮料

百威精品	10元	[ ]瓶
百威纯生	15元	[ ]瓶
百威铝瓶355ml	18元	[ ]瓶
王老吉	5元	[ ]听
可乐/雪碧330ml	4元	[ ]听
花花牛酸奶	4元	[ ]袋
劲酒 (小)	15元	[ ]瓶
江小白 (小)	20元	[ ]瓶
红星二锅头 (小)	6元	[ ]瓶
海之蓝	226元	[ ]瓶

巴奴毛肚火锅的菜单

因为在招牌和十二大护法中，能够帮助新一代消费者快速解决 70%~80% 的点餐方案。这对于消费者来说，节省了时间，提高了点餐满意度；对于企业来说，更加集中了供应链，集中了生产效率，大幅提升了企业利润。

当然，这只是基本的分类方法，法无定法。实际情况是，根据城市级别、品类差别、消费场景，可以有多重方法重组，也可以跳出方法之外。分类的方式、多与少，顺序排列决定了你的客单价，也决定了客户点选产品的速度和数量。

我在 2016 年接触到一位资深餐饮人，也就是南京百纳餐饮集团的吕晓阳先生，他被誉为金陵餐饮界泰斗级人物。从业 30 年来，他最爱琢磨餐厅的产品结构，并且乐在其中。

他曾把一家餐厅的定位由"粥面庄"改成"茶餐厅"，并把菜单上产品分类的顺序重点做了调整，同时也把版面的分类做了一个意义重塑。同样是单页，改完的是一面是咸、一面是甜，吃完咸的再来点甜的，对于这样一个有烧腊和甜点的茶餐厅还是挺合适的。调整完菜单，茶餐厅人均消费上涨了 5%~7%。

所以说，任何事情都可以讲究方法，可以方法重组，也可以跳出方法之外，重要的是要知其所以然，形成正确的思路。

03

差异化的爆品炼金术

我曾听一位老师讲过，餐饮生意红火呢，日进斗金，数钱数到手抽筋，就像股票天天涨停；但要是生意不好呢，那就像股票天天跌停，简直是一场悲剧。

一家餐厅的生意要想好，产品好是根本，产品要有吸引力、要有记忆点、要有口碑。然而，一家餐厅不可能把所有的产品都做到极致，所以就需要推出爆品。

1. 推出爆品的必要性

在如今的高度竞争时代，需要一个简单而又差异化的信息快速进入消费者心智。从品类战略出发，爆品就是品类的代表，就是优势品项。爆品给了目标消费者最佳的购买理由和推荐（口碑）理由，爆品必须凸显品牌的核心竞争力。

爆品体现了经营者对消费者的承诺，对团队的责任，对市场的敏锐性，对资本的吸引力，对媒体的诱惑力。可以说任何一家餐厅，如果拿不出招牌菜，没有看家本领，消费者来吃饭的理由又是什么呢？

我有个在重庆的学员，品牌叫仇婆，他原来经营的品类是小面。虽然小面是前几年的风口品类，但也正因如此，市场上做的餐厅越来越多、越来越乱。而小面这个产品又很难卖上溢价，随着人工、房租等费用的上涨，利润越来越低。仇婆小面也陷入其中，创始人高东非常痛苦和纠结，到底要不要改呢？

这个时候，他经朋友（也是我之前的学员）介绍来上了门头战略和菜单赢利规划的课程，他清晰地弄懂了品类是怎么回事，决意要将小面改成抄手。这是一个重大的抉择，意味着要改变消费者对此品类品牌的认知。与其深陷其中，不如放手一搏，这个放手一搏其实是有道可寻的。于是，从门头到店内场景再到菜单，整个品牌发生了巨大变化，然而短短一个多月的时间，营收却节节攀升。创始人说："这个月原本是淡季，我们却做到了旺季的营业额。"之后再一个个店继续改变，最直观的是营收都大幅增长，团队的士气也更高了。不仅当地的电视台来报道，更被央视财经频道的栏目报道，成为重庆美食新秀。

所以说，一家餐厅必须有一个值得消费者口口相传的爆品，这个爆品是品类的代表。这是餐厅做出好产品的必备，也是做对消费者认知的必需。

2. 爆品从何而来

首先，爆品必须从品类中来，它是品类的代表。没有品类支撑，爆品很难走远。餐饮的品牌发展必须符合这个规律：品牌的背后是品类，品类的背后是文化。品类是品牌的根，文化是品类的土壤。

比如巴奴的毛肚火锅，毛肚这个爆品是从重庆火锅这个超级大品类中分化而来的。毛肚本来就是重庆火锅最重要的食材，甚至重庆火锅就被称为毛肚火锅。

再如，西少爷肉夹馍是从西安小吃这个超级品类中细分而来的，没有千年的西安美食文化的沉淀，没有汉唐文化的根基，小小肉夹馍根本无法在中国大地立足，更无法走向全球。

其次，爆品必须从企业优势生产供应链和生产工艺而来。企业的最终竞争都是核心竞争力的竞争，也就是你做什么比别人好、比别人快、比别人省。没有这个核心竞争力，很容易被模仿、被抄袭，最终陷入低价竞争的恶性循环中。

作为连锁企业，供应链优势才是最终决定品牌能否长久立足的核心竞争力。供应链是餐饮的后勤部队，是粮草弹药补给。兵马未动，粮草先行。可以说，没有核心竞争力的支撑，没有供应链优势的支持，创业者只能赚到小钱，却赚不到持久的品类红利。

2016—2017 年潮汕牛肉火锅大战中，全国一线城市突然杀出数千家"潮汕牛肉火锅"，然而最终获胜的只有八合里海记、左庭右院等少数品牌。它们成为品类赢家，核心就是掌握了上游供应链和培养了大批熟练的牛肉师傅。再如小龙虾大战中，能够获胜的一定是早早布局上游供应链的企业。

再次，爆品必须从消费者认知出发，在当地消费者心智中无认知的产品很难成为爆品。

中国的餐饮业品类分化时机刚刚到来，以中华餐饮的博大精深、中华大地的地域广阔，任何一个 5 000 万人以上的人口大省都能孕育出一个超级品类。因此，在选品上，我们无须焦躁、无须跟风，找到当地人最青睐、最常见的食物，把它提档升级，就足够成就一个 10 亿级别的品牌。

中国饮食文化博大精深，源远流长。在几千年的历史发展进程中，中华儿女凭借勤劳的双手和聪明才智创造出了无数的文化瑰宝。历史发展至今，文化始终贯穿在中国人的衣食住行、思维方式之中。有些文化只有少数文化继承人在传播，有些文化随着时代变迁逐渐消失在历史长河中。

由于中国地大物博、疆域辽阔，而我们从农耕民族繁衍至今，聚族而居、精耕细作的农业文明孕育了内敛式自给自足的生活方式、文化传统。农耕文明的地域多样性、民族多元性、历史传承性和乡土民间性，也造就了我们饮食文化的多样性、差异性。

比如馄饨、抄手，看似差不多，但南北认知差异还是非常大的。所以，当我们在选品类和爆品的时候，当我们在扩张的时候，缺乏心智认知的产品很可能是做不下去的。

3. 如何打造爆品

要想科学地打造爆品，大家可以记下来以下八个方面，分别是核心卖点、菜品命名、味型选择、食材选用、烹饪方式、分量标准、产品呈现和技术力量。你可以把自己餐厅的爆品、招牌产品或主力产品对号入座，看看自己是否满意。其中，味型选择、食材选用、烹饪方式、分量标准、技术力量是厨师或者是产品研发部要思考的问题。

那么，核心卖点是什么呢？核心卖点就是我们要传达给消费者怎样的产品理念，即我们塑造出怎样的爆品价值，是消费者可感知的。感知是美颜的、养生的、健康的、性价比高的、有历史的、有文化传承的还是什么。某些产品是由历史演化而来，比如安徽臭鳜鱼，有 100 多年的历史，它有独特

的工艺和故事。再如某产品是某位著名大师打造的，所谓师
出名门等，这些都是在给爆品塑造价值卖点。

接下来，我们来看"煲花蹄"这个爆品。

爆品"煲花蹄"

大家是不是一看到就有想吃的冲动，你有没有觉得它就是为
爱美的女性量身打造的呢？丰富的胶原蛋白，养颜美肤。虽
然是一个猪蹄产品，可是出品的呈现却做得很美，从选盘到
装盘，以花配猪蹄，弱化单纯猪蹄的粗俗感，色彩上以红、
黄、绿相搭配成暖色调，再取名为"煲花蹄"，真是相得
益彰。

在出品价值感知上，我们可以从色、香、味、器、形、意、

养这七个方面来进行塑造。而且从这七个方面出发，也是我们进行产品差异化的路径。

色即是美，美即个性！

色（颜色）是一种视觉效应，通过对颜色的视觉感知会到达我们的心理感知，这就是颜色本身所带来的性格与温度，红色辣椒的热情、奔放，绿色春笋的清新、自然。你研发的食物传达的理念，色彩上也需要传达一致，因为色彩是有其性格的。

香即是美，美即治愈！

香是嗅觉的感受，是令人感到愉快舒适的气息。你是否发现，经过星巴克或海底捞都会让你未进店就能闻到阵阵香气，吸引着你进门。

香气绝对是治愈系的，精油、香氛是用来放松身体、减缓压力、平心静气的，而食物的香气绝对可以让全身心的细胞都充满食欲感。

味即是美，美即恋爱！

味（酸、甜、苦、辣、咸、鲜）是我们烹饪产生的基本味觉，它们还可以组合多种味觉，比如酸甜、酸辣等。如果你能够研发出一种只属于你自己并能够被大众接受和喜欢的味道，这种口味就像一本独门秘籍，甚至得到传承。

器即是美，美即触动！

器就是选用的器具，比如盘子、筷子等。不同品质的容器拿在手里的感觉绝对是不一样的，一个塑料的盘子和一个白瓷润泽的盘子给我们传达的就是两种不同的品质甚至品位。同时，有的器具拿在手里会有良好的触摸感、顺手感，这样就更完美了。

形即是美，美即面貌！

形也就是形状、形态，这里面分盘子的形和菜品的形。可以是方形、圆形、条形等所谓几何形，可以是兔子、小狗等动物形，也可以是花花草草等植物形。形有很多种，就怕想不到合适的装盘思路。当然，这里还要考量产品与盘子的搭配度，同样要考虑品牌调性。

意即是美，美即气场！

意是通过上面几个方面的感知产生的一种气氛、意境和文化内涵，这也关乎具体场景营造的整体氛围，是一种虚实交融的感受，它营造出来的是一种场。比如，大董的意境菜就是既有场景氛围又有意境的产品。

养即是美，美即科学！

养，所谓药补不如食补，食材其实应该说是更上乘的药材，"食能养人"说的就是这个道理，它讲究的是充分体现食物的营养以及合理的搭配与饮食。对餐饮企业来讲，如果你还能兼顾到膳食搭配和营养，那就更好啦！美国的很多菜单上都标有卡路里之类的数值，看起来就很规范、很合理的样子，相信未来我们中餐也会慢慢更加养生化、科学化。

我之前写过一篇文章《拒绝抄袭，如何重塑差异化产品》，其中就重点讲了这个问题，大家可以去我的公众号王小白里看。

从消费者的感知来讲，这里就要讲到出品五觉了，因为消费者往往从他的视觉、味觉、听觉、嗅觉、触觉来感知产品，所以我们在打造爆品的时候要思考消费者的五觉，对应上面的色香味器形意养，最终目的是"给消费者留下记忆点，让消费者主动拍照分享，让消费者有再来的念头"。

接下来，我们来看如何在菜单上表达爆品价值的案例。

这个菜单的左右两边的画面，主要是来呈现爆品的页面。我们来从以下几方面进行讲解。

命名：深海石斑鱼粥。说到深海石斑鱼，大家对于深海再加上石斑鱼会联想到什么呢？海洋深处、健康、营养，如果你听到石斑鱼粥和深海石斑鱼粥，是不是有不同的感觉呢？

图片：在拍摄上，我给了客户一些建议，对于拍摄出来的粥品，我是非常不满意的，因为图片没有把那锅粥的色、香及食材颜值给拍出来。但是，我们在设计上做到了符合产品来自深海的自然画面。

文案：在文案上把每天什么时候熬汤、怎么熬的，比如每天 7：30 开始现熬的高汤、慢火熬制、胶质香浓、完全蛋白、高钙质等，都呈现了出来。

背书：比如产品拿了什么奖，企业获得了什么奖、什么称号。

食材：我们把相关食材拍出来展示给消费者，这样体现了我们的公开、透明，就像透明厨房一样。比如用的什么米、什么样的配料，加上新鲜的鱼肉的可视化等。

故事：这里没有写产品的故事，但我们给他写了品牌的故事。

口号：这里也是从事实出发，因为他们做了十年了，算了一下，卖出超 500 万份产品。

一份让消费者感受到其价值感、信任感的爆品，一定是我们非常用心、站在消费者的角度来力荐给他们的美食。

最后，我们再来看一个爆品的呈现。

爆品"宫保鸡丁烤鱼"

这就是一个有创新的爆品类型，即传统菜品的重新搭配，大众易懂，容易传播，是宫保鸡丁和烤鱼组合成的宫保鸡丁烤鱼，它的背书来自某位川菜大师的亲传，"大师亲传秘制宫保汁"，传承有根儿，创新有范儿。上过北京电视台的《上菜》栏目，并获得烤鱼大赛银奖。菜品拍摄的色香味器形也非常不错，还有一段产品文案。

通过以上的讲解和案例呈现，大家也可以试着去思考自家爆品的价值点有哪些，应该从哪里着手去创造差异化。

好文案、好口号、好故事塑造品牌的软实力

很多老板都有这样的疑惑：我的产品做得并不差，但就是不如隔壁的老板会写文案。文案又不能当饭吃，但为什么他的文案就能吸引一波又一波的粉丝追捧呢？

这是因为他不知道，新一代消费者已经认为精神大于物质。过去的人追求实在，今天的新一代追求"懂我"，所谓"你不是我的菜"就是说"你不懂我的心"。

如果说产品是一个人的骨骼和肌肉，那么产品的文案则是其灵魂。没有文案的产品就像没有灵魂的人，虽然好看，但言之无物，难免令人生厌。好文案体现了经营者的用心，好文案的心法就是"做你所说，说你所做"，真感情就是好文章。好文案不是写出来的，而是找出来的。它原本就在那里，只是需要你有眼光、有耐心地把它找到。菜单里的文案主要用来描述产品力及其差异性，其实每家餐厅的用材和塑造出来

的产品都会有所区别，就像每个人的特质都会不一样，这里的重点就是如何来描述，写好文案。

要想写好文案，最好的方法就是提问式。我们可以从下面七个方面来向产品进行提问，在一问一答中找到属于我们的好文案。

- 食材的来源
- 食材的品质级别
- 工艺是如何
- 产品的故事
- 产品的特色
- 产品的资质
- 独特的体验

好的产品如果不会卖，就可惜了我们的研发，可惜了我们为之付出的努力。卖产品需要吆喝，那么我们把菜单当成推销员，它的文案就是吆喝，所以我们要在用心研发的产品上挖掘出产品的优秀特质。

深海石斑鱼粥

像深海石斑鱼粥这组主力产品，我们把主食材的来源和辅料都表达和呈现了出来。比如，石斑鱼来自无污染的台湾海峡的活鱼，醇香大米采用五常稻花香贡米，辅料精选十余味食材等。工艺上，每天 7：30 开始现熬的高汤，慢火熬制，特色胶质香浓、完全蛋白、高钙质，资质有荣获福建名小吃称号等。还有一个产品的差异特色，因为专注深海石斑鱼，所以十年来卖了 500 万份粥品。这一套内容描述下来，就完成了这组主力产品的文案描述。

接下来，我们再看另一个单页案例。

我们可以发现，如上图所示的菜单在这些主力产品上都分别做了提炼。

比如主打的<ruby>⿰⿰</ruby>面，抓住了陕西小吃的这一特色以及此产品曾经有名人的加持，所以重点做了借势；其他产品如舌尖上的臊子面：酸辣开胃、爽滑劲道，臊子多多；高原烤小羊腿：现点现烤，一只腿仅供 2 客；36 小时蜂蜜自制酸奶：长寿食谱，顶级奶源，天然发酵。以上产品，每一款都能带给你一个吃的利益点、卖点。

古往今来，文字使得我们的璀璨文明得以被记载和传承下来。我们今天所表达的不就是因为文字的出现，让我们可以跟家人、朋友、爱人、顾客去表达我们的思想和态度，甚至情绪吗?

所以，当我们懂得用文字的力量去感染和打动别人的时候，我们的表达才能更有力。学员中有一位创始人在学习完菜单规划后，一年不到的时间认真改了四五版菜单，而且每次改完后都有不同的心得。在 2018 年年底最新的一版菜单上重点重塑了产品的文案，让一些想推的产品在冬季卖得更好了。她在一次被采访中说道"原来菜单真能改变客人对品牌的认知"。

除了爱，无添加
儿童孕妇安心的选择

专注研发含糖更少
儿童孕妇更适合的酸奶

招牌 | 手制酸奶（120ml）
（酸奶瓶已获国家专利）
可用40℃温水泡馒吃　冷藏可保存4天　**6元**

塑料瓶便携装（200ml）
手制酸奶（冷藏可保存4天）　10元
蓝莓酸奶（冷藏当天喝完）　15元
牛油果酸奶（冷藏当天喝完）　15元

东莞宝妈优选甜品店
怀孕妈妈必选甜品店

特色必点 | 第一次来？先试它们

牛奶桃胶芋圆糖水（客人希望它永不下架）　12元
（内含桃胶、椰浆及生姜蜂蜜更香甜）

杏仁豆腐（形状似豆腐而得名，不是豆腐）　18元
不外带（享到可避暑去湿配料吃口）

抹茶游乐园（女生都很喜欢吃点）　22元
不外带

糖水 | 甜品吃热的更舒服

自家制 番薯薯做的芋圆
牛奶桃胶芋圆糖水　12元
牛奶红豆芋圆糖水　12元
红豆栗子芋圆糖水　12元

自家制 雪耳做的珍珠
紫薯薏米珍珠糖水　12元
连子桃胶珍珠糖水　16元

秋冬季 吃完很舒服
雪耳连子百合糖水　10元
老北京小吊梨汤　16元
石磨芝麻糊（4元可加迷你小汤圆）　12元

以下甜品可加料，2元加一样
（芋圆、连子、红豆、薏仁、桃胶）
豆腐花（加7清甜红糖粉，也可无糖）　5元
双皮奶（减糖）　10元
茯苓膏（祛湿）小汤宝　10元

温馨提示：堂食特外带，每个产品加收0元打包费

饮料 | 每天喝都很安心

自家制 金桔茶

别人很简单，买回来冲泡就可以
我们需要挑核，熬的时候还要不停搅拌……

金桔茶

香煎玉米汁 (200ml)	8元
自家制金桔茶 (喝了喉咙舒服)	12元
港式奶茶 (孕妇不宜浓茶)	10元
现磨杏仁茶 (不含苦杏仁，孕妇可喝)	12元
怕上火喝菊花茶	8元
果园蜂蜜柠檬茶 (不使用果糖)	12元
焦善蜜豇豆冬瓜茶	12元

自家制 黑糖珍珠

粒粒珍珠皆为自家做 只为儿童吃得安心

手工珍珠奶茶	22元
手工珍珠奶茶 (有茶)	22元
手工珍珠黑糖鲜奶 (无茶)	

蛋糕 | 每天 12:30 开始出炉 | 从不隔夜

秋冬限定 红枣核桃蛋糕

将红枣做成枣泥加入蛋糕
吃当造的食物，身体才会棒棒的

红枣核桃戚风蛋糕

原味戚风蛋糕	18元
葱香戚风蛋糕	18元
蔓越莓戚风蛋糕	22元
宋古刀叉戚风蛋糕	22元
开心果戚风蛋糕	28元
红枣核桃戚风蛋糕	25元

麻薯 | 每天 12:30 开始出炉 | 从不隔夜

巧克力麻薯

原味麻薯 (8个)	10元
蔓越莓麻薯 (6个)	12元
蔓越莓麻薯 (6个)	10元
巧克力麻薯 (6个)	15元

小吃 | 吃了就停不下来

既然要吃肉，那就吃好一点的肉

原味猪肉干

原味猪肉干	110g	18元
微辣猪肉干	110g	18元

不是很嫩，但就爱吃 | 坚果麦片，是好选择

自家制坚果麦片	50g	12元
自家制坚果麦片	100g	20元

凉拌 | 让你胃口小开

凉拌青瓜 (微辣)	5元/半份	10元/份
凉拌莲藕 (酸甜)	5元/半份	10元/份
凉拌凉皮 (微辣)		15元
陈醋鸡脚皮 (微辣)		20元
凉拌鸭膶 (酱煮)		25元

布丁 | 嫩滑Q弹 入口就融了

新鲜水果冻	8元
水晶牛奶布丁	10元
抹茶布丁	12元
郑记山王鲜蛋鸡蛋	18元

某些产品会因季节而变化 | 此菜单更新于2018年11月

在上图所示的这版菜单上，商家对产品的分类命名文案都做了细细的思量，即站在消费者点餐的角度来思考这张菜单的文案表达，一张好的菜单就是要站在使用户拥有良好体验的角度给予更好的引导。

口号是用来做什么的呢？如果不能真正明白口号的用意，那么很可能像设计一个标志一样，成了可有可无的摆设。

口号真的有用吗？答案是有用！口号在战争中是冲锋号，能感召全体官兵的士气，是发起向敌军阵营的冲锋号。口号在商业竞争中也体现一种战斗力，是打进消费者心智当中的一枚核弹头，是驱动消费者购买的指令。

"服务不是我们的特色，毛肚和菌汤才是。""怕上火，喝王老吉！""困了，累了，喝红牛！""不换门头，就换老板！""无规划，不菜单！"这些口号无一不充满战斗力。

当然，口号比起产品文案来，技术难度要大很多，这几乎是一个专业活。如果你没有很强的消费者洞察力，没有一定的广告学功底，很难真正完成一句有生命力的口号。比起花费数万甚至数十万设计一个标志，我更建议老板们在口号上多下功夫、多做投资。

那么，什么样的口号才称得上好口号呢？

首先，口号必须口语化，口号应该具有口口相传的能力和号召、感召的能力。这是我们取口号的基本要素，也就是口号不能太文案化，而要俗语话、口语化、谚语化。因此，那些看上去文字优美的口号很感人，但也很"赶人"，其实是绝大多数没有销售力。

余奕宏老师认为，衡量一个口号的价值，有三点非常重要，即顾客传不传、销售说不说、对手恨不恨。好的口号是打开消费者心智的一把钥匙，如果能够根据品类定位的战略方向，提炼出符合品牌某阶段战略意义的口号，就会成为一个非常成功的口号。

顾客传不传，就是你策划一句让消费者方便传播的口号。要记住，口号不是给自己用的，更多是给消费者用的。你在日常的消费场景中代入这句广告口号，看看消费者是否会用。比如说"服务不是我们的特色，毛肚和菌汤才是"。

而王小白菜单规划的"无规划，不菜单"已经被广大学员用来"教育、引导"其他新学员和准学员，说"你赶紧上王老师的菜单赢利规划课程吧，你这个菜单根本无规划，哪算菜单啊!"

销售说不说，意思就是销售体现在一线的服务员。如果他们每天都使用我们的战斗口号来传递品牌价值，就说明我们的口号是有效的。

"闭着眼睛点，道道都好吃""不好吃，不要钱"，想象一下，每天数万名服务员在向数十万的客户传递这句口号时，西贝莜面村的品牌就这么深入人心了。此外，菜单作为餐厅的无声推销员，如果上面没有一句口号、没有一句具有战斗力的口号，你每天得浪费多少传播品牌价值和差异化的机会啊！

对手恨不恨，战斗口号除了向顾客心智中发出冲锋指令外，更有一种向核心竞争对手发起冲锋攻击的作用。在西方，因为不限制比较性广告，所以很多广告语（战斗口号）都是针对竞争对手而来。比如七喜的"非可乐"，百事的"新一代的选择，"棒约翰的"更好的馅料，更好的比萨"。国内的品牌在这方面因为受限于严格的《广告法》很多广告语还是欠缺广告竞争意识。

不过，巴奴毛肚火锅的"服务不是巴奴的特色，毛肚和菌汤才是"却是一个有竞争性的口号。杜总是一位非常优秀和有气魄的企业家，他的巴奴毛肚火锅虽然还没开遍多个省份，但其品牌已经深入人心。

品牌资产貌似看不见、摸不着，实则是企业最有价值的软实力。巴奴毛肚火锅一向注重产品主义，之前的一句"深入原产地，精选好食材"，同时不管是在菜单上还是公众号等文案上都以产品为核心，诉说着好食材、好产品，让消费者认识到了巴奴的食材好、产品好。这对品牌是非常加分的无形资产。

品牌故事也是一样的，好故事传千里，不管是过去、现在还是未来，故事始终会围绕在我们身边，也容易被大家口口相传。巴奴毛肚火锅的产品手册里就讲了一个"匠心做产品"的故事，让我们感受到杜总对产品的极致用心。

西贝莜面村贾总也是一个对产品食材要求特别高的人，同时把好食材、好产品的故事通过店面、视频等介质讲到了每一个消费者的心中。

所以，千万不要忽略建立品牌的软实力，它是建立消费者认知的最有效的无形资产。

05

如何做好既省钱又有效的照片拍摄

颜值时代，消费者是先用眼睛吃饭、用手机吃饭，然后才是用嘴巴吃饭。这对于社交属性越强烈的品类，越为重要。

所以，像火锅、烧烤、甜品、小龙虾、饮品这些品类要想大卖，不仅产品颜值要高，拍摄出来的图片更是如此。

首先问一下大家，你对摄影师拍照的要求是什么？会给企业具体的拍摄方案吗？是在菜单设计前的什么阶段拍呢？

我的一些客户曾经拍过一些照片，但我发现在做菜单设计的时候很多照片用的都不协调，有很多照片单张看起来拍得还不错，但是当把它们排列到一张画面上的时候，或者评判整体视觉的时候，往往就不那么协调了。而且，很多照片的风格跟品牌的内涵和风格也不统一，所以在使用上就更为难了。

对应上面所提的三个问题，拍摄要求就是目的是什么、为什么拍、拍的效果会怎样？摄影师给的拍摄方案符合品牌调性吗？拍摄的需求是否融合在菜单规划的设计方案里，和菜单设计一起来呈现企业的视觉形象了吗？

所以，菜品的拍摄是根据设计方案来定拍摄方案，是根据设计方案来进行的有目的的拍摄，一起呈现菜单对应品牌定位的一体化视觉。

那么，怎样拍摄照片可以实现省钱又好用呢？我在设计过程中发现，明确的设计理念、风格和用色是需要事先明确的，通过设计方案来对照片提出相对应的需求，最后才是拍摄的方法和技巧。

接下来，我们总结了一些拍摄上的方法和技巧。

首先，对分类产品主次进行归类，按照重点产品、主要产品、次要产品排序，或者根据产品分类的先后、主次来进行排序。

其次，对于分类主次的产品，重要的主推产品重点拍摄，要多几个角度和特写，根据需求有的需要特殊场景化布置，可以是产品与人的互动，或是挖掘产品特殊属性的拍摄。

比如，巴奴毛肚火锅提倡的"深入原产地，精选好食材"如何体现呢？他们就知行合一，到很多好食材的原产地，拍摄了很多人与食材、人与食材场景、人与食材环境的照片，不管是在菜单上还是在公众号以及其他媒介上，都可以用这些照片来表达出对应的口号，体现出其价值感。

再次，对于整体产品，可以从俯视和斜视两个基础角度来进行拍摄，同时需要竖版和横版，背景根据设计风格来定，最好不要过于复杂，重点还是突出产品。

这样拍摄出来的产品既可以用在很多宣传媒介上，又可以很好地运用到菜单上，可以说是一举多得，而不是像很多菜品拍摄出来的效果图，完全是一次性呈现，想要用到别的介质上就很难。

比如，我服务过的一个客户原来拍的照片是摩托车、重金属风格，为什么这么拍呢？后来我听说是因为老板喜欢摩托车，所以原广告公司给他们拍的菜品就是摩托车、重金属风格，这些照片被直接搬到了菜单上，根本没有对应品牌的定位和风格。

后来，我在给他们出设计方案时，根据我们设定的要求，结合品牌的定位，重新进行了拍摄，整体图片在菜单上的显示就显得简洁明了，易看易点。

拍摄都是为产品销售和消费人群对应的品牌调性和体验服务的，这才是我们拍摄的原点。

06

菜单形式和设计的黄金法则

我们说无规划、不菜单，也就意味着无规划、不设计。因为没有合理、有目标的规划，何来有商业目标的导向设计呢？所以，菜单设计是将规划的目标通过设计的方式实现引导客户的点餐。

在设计之前得先确认菜单形式，经常会看到像麦当劳、吉野家这些刚需快餐品牌大都是以灯箱片呈现的，星巴克也是如此，只不过它用的是黑板形式的挂版，而很多休闲餐用折页偏多，火锅店则以单页勾选为主，正餐则是册子为主。不同的餐饮业态对应不同的菜单形式，为什么会有这么大的形式差异呢？其中最重要的一点就是消费者的体验感与品牌价值之间要相符。你不能把一个单页用在一个 100 多元客单价格的正餐业态上，也无须把一本厚厚的册子放在一个轻餐业态上。

另一个要点在于不同业态的出餐速度、方式与消费需求是不一样的。星巴克就是一个休闲、外带的场景，它要的是即买即兑现，同时也完全可以做到。很多快餐也是如此，因为快餐要的就是效率。这种点餐方式既省人工又很便捷，不需要太多的体验。而正餐就不一样了，尤其客单价格达到 80 元以上的，没有体验的附加值，性价比又从哪里来呢？

因此，不同的业态、品类会对应不同的菜单表现形式，这也暗合了我们的消费心理需求。

随着互联网应用的趋势，未来的菜单走向电子化也是必然趋势。

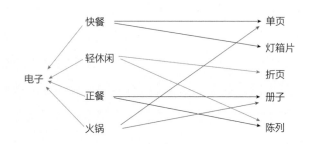

电子化菜单形式

确认完菜单形式，在设计方案的基础上，我们就可以开始设计了。

在设计开始之前，我们先来看一下菜单设计常见的误区，这是我们看了很多菜单之后所做的总结。

第一，随意找个设计师设计——很容易前功尽弃，因为不懂餐饮、不懂菜单规划意义的设计师，如果不能配合规划的意图，就很难达到规划的效果呈现。

第二，不注重品牌文化的传递——对品牌无感知。品牌的高阶境界是文化的侵袭，而品牌的建立是点点滴滴的，不管是在菜单还是其他配称的地方都需要传递品牌的思想、品牌的文化。

第三，菜单又大又重——拿取翻看都不方便。如果说厚重与追求档次是"旧餐饮"的代名词，那么如今是简洁、便利、个性的时代。

第四，没有主次的引导结构——点选特别没有章法，是红花还是绿叶，我们要放到合适的位置，设计出能够正确引导消费者点选的路径，方便消费者点选。

第五，没有图文展示——不知道菜品状况，没有即视感，会加重选择障碍。

第六，全部文字排列——没法引起菜品食欲。相信很多人看到没有菜品图片展示只有文字排列的菜单，点选的时候会产生很多问题。这是可想而知的，视觉感知都没有，又怎么能引起食欲呢？又怎么做好引导呢？

产品有主次，设计的页面同样有主有次，重视封面、封底、前二页。对于单页来讲，正常一张单页分正反两面，在有限的两面上，一面可以用来做品牌表达，另一面主要用来做产品呈现。对于三折页，封面也是一样的道理，翻开来的第一面和第二面同样非常重要。

封面是最重要的广告页——传递品牌和产品的概念和信息，它应该包含品牌名、品类名、口号、招牌产品、对应场景等元素。

营养时蔬
山药片 16元/例
海带片 12元/例
青菜拼筐 38元/例
宽粉 10元/例
白菜 10元/例
白菜心 15元/例
萝卜片 9元/例
土豆片 9元/例
红薯片 12元/例
冬瓜片 9元/例
香椿苗 22元/例
粉丝 10元/例
菠菜 12元/例
球生菜 12元/例
面筋 10元/例
油麦菜 12元/例
酸菜 10元/例
花叶生 12元/例
茼蒿 15元/例
蒿子秆 12元/例
莲藕片 12元/例
涮香菜 16元/例
珍品菌类
白玉菇 20元/例
蟹味菇 20元/例
黑木耳 12元/例
平菇 12元/例
香菇 12元/例
金针菇 15元/例
杏鲍菇 26元/例
菌类拼筐 48元/例
主食系列
胜利发家烧饼（咸） 1元/个
胜利发家烧饼（甜） 1元/个
手擀面（涮） 8元/例
炸烧饼 3元/个
米饭 2元/例
茴香小油条 16元/例
低温现炸，健康茴香
阳坊百年古法，纯正芝麻，真料手作。
精挑细选 只为品质
阳坊胜利坚持选用锡盟高纬度天然牧场黑头白羊
始于1984
锡盟高纬度天然牧场
黑头白羊
吃沙葱 喝清泉
日赶 30 里 肉嫩低脂 好吃不膻
VIP 尊享礼遇
· 每周二会员日享受二款指定菜品半价
· 凭会员卡消费享受10%积分，可当现金使用
· 会员生日当天赠送价值258元大礼包
· 会员卡所有直营店通用
· 可实时查看积分及优惠券
阳坊胜利 涮羊肉
始于1984
第一家阳坊涮肉李胜利创始于1984
吃真正的阳坊涮肉
就到阳坊胜利
中国名火锅
中国驰名商标
五星级火锅店
阳坊涮羊肉

三折页菜单

这是一张三折页菜单，最右面是品牌的封面。一看封面，我们是不是至少能够对品牌卖的是什么有所联想、对产品有所联想？封面要包含品牌名、品类名，我是卖什么的，再加上与品牌的招牌产品相映称的画面，做到将文字与画面统一传递给消费者明确的信息，这样才是封面作为重要广告页能够传递品牌信息的价值所在。封面之后就是品牌页，如品牌故事、品牌背书、价值塑造，有时候还要看企业某阶段宣传的重点是什么。

首页、品牌页之后最重要的就是爆品的展示页面，这是需要重点塑造的部分，从消费者的角度来思考，这是让他们直接感受到这个产品是这家店最好的产品，让他们看到就乐于点选，并且非常自信地点选。

春丽家品牌的创始人为了尽快学习菜单赢利规划，把一家四口都带来了，老婆、刚出生没几个月的孩子，还有妈妈，他们非常用心地学习，回去一直在调整规划。就提交的第一版新菜单，我跟他聊了许久，总体上还是非常不错的。消费者也按照规划和设计的结构方式进行了点选，尤其爆品几乎达到了桌桌必点，完全做到了引导消费者点选。这张新菜单从产品颜值、食材、工艺、文案、信任状等多个维度带给了消费者以最佳感觉，让招牌成为消费者的必点首选。

在页面排版的过程中，还需要注意的是消费者的视觉动线。一般情况下，我们的阅读习惯都是由左向右、由上至下。重点在于我们在设计菜单时，尤其是重要的产品要符合消费者视觉动线的点选。在一张页面上，要注意设计细节。上次看到一个品牌就是在一个页面上将主要产品与次要产品用了不同的背景，还用了分隔线，最后反而导致主力产品点的不多，因为大家把上面的主力产品当成页面背景了。当时跟店家沟通的时候，他们说顾客在点选的时候的确存在这样的问题。

当然，设计最重要的黄金法则在于方案与品牌文化、产品规划目标的匹配。设计方案对应品牌文化与调性，这里重点要把控品牌人群、风格、用色，把品牌表达的相关部分与人群、风格和色彩协调地呈现出来。

比如阳坊胜利涮羊肉，其菜单整个画面的风格和用色及元素体现出了其在羊坊镇发展而来的文化特色。又如春丽家的品牌风格和视觉让人感觉温暖而明快，符合主消费人群的喜好。

设计方案对应产品规划的目标，这个意义在于将所推产品引导到消费者点选的路径里，让消费者能够有良好的用餐体验。所以，设计不是凭着想象与灵感的随意发挥，也不是自我感觉良好就可以，而是需要理解规划的目标进行有价值的设计呈现。

管理大师德鲁克曾说："企业的一切经营成果
都在外部。"也就是说，公司内部都是成本，
创造顾客才有利润。商业存活下去的结果在于
有盈余。但如何取得内外一致高效的经营效
益，是企业在竞争中能够存活下去必须解决的
问题。

Chapter
Five

第5章

是什么决定了一家
餐厅的赢利模型

管理大师德鲁克曾说："企业的一切经营成果都在外部。"也就是说，公司内部都是成本，创造顾客才有利润。商业存活下去的结果在于有盈余。但如何取得内外一致高效的经营效益，是企业在竞争中能够存活下去必须解决的问题。

01

效率之争才是企业终极之争

餐饮老板是不是都有过这样的困惑：明明生意很好，从早忙到晚，但是最终结算竟然不赚钱，为什么？隔壁老王看上去顾客不如我们家多，店里也没我们忙，但居然利润却比我们高很多，凭什么？我的店又大又豪华，而对门就一个档口，又是外卖，又是外带，虽然单店营业额不如我们，但是人均产出却高出我们好几倍，我这个投资是不是错了？麦当劳、肯德基的产品真的很一般啊，为什么他们在哪个国家都能赚钱？

我透过研究近千家餐厅的菜单，发现菜单里隐藏着的最大秘密不是口味、不是服务、不是环境（这些都是外在形式），而是赢利模型。决定一家餐厅是否能够持续赢利，并且在激烈的竞争中最终获胜的，是这家餐厅的赢利模型。

赢利模型是菜单赢利规划的顶层设计，同时还会涉及很多数据，我将在未来的菜单赢利规划高阶课程着重讲解。

那么，决定一家餐厅赢利模型最核心的因素是什么呢？当然是效率。我们知道，人类的发展史就是一部不断提升效率的革命史，从农业社会到工业社会，再到互联网时代、未来的人工智能时代，本质就是不断进化的生产力、不断提升的生产效率。

企业也一样，总是效率高的企业和商业模式战胜效率低的企业和商业模式，这才是商业竞争永远不破的规律。不管是企业与企业之间还是人与人之间的竞争，其背后都是效率之争。

麦当劳、肯德基被称为高热量食品，国内的很多餐饮人认为，它们哪里比得上我们中华餐饮的博大精深，哪里比得上我们的美味丰富，但是它们能够把一家家餐厅开到全世界任何一个国家、任何一个角落，缔造了快餐帝国。这样的品牌在美国还有很多。反观我们国内的情况，最大的餐饮品牌海底捞，2018 年的年销售额约为 170 亿元，不到国内餐饮总值的 1%，为什么？

其中有一个根本原因，不是因为中餐无法标准化，比如火锅是比汉堡标准化程度更高、更符合消费者习惯的品类，而是我们绝大多数餐饮从业者，甚至包括很多经验丰富的餐饮人也缺乏效率的意识，没有赢利模型的概念，没有用数据来指导经营的理念。

我透过研究各地的餐厅菜单，深刻地研究不同国家、不同模型餐厅背后的效率，通过看菜单结构可以判断出餐厅的模型是否具有竞争力。

同样是效率，大部分人看到的只有平效和人效。

通过我们的研究和客户实践，将餐厅的效率分解来看，其中有六大效（率）是跟我们企业的竞争优势息息相关的（效率其实还可以分开来看，这里暂且统一叫效率）。

1. 人效

大家都说餐饮业是勤行，意思是说餐饮业是劳动密集型行业，需要大量的人工劳动力。一家大型的连锁餐厅，动辄数万人，如果人的生产效率低下，企业就会生存困难。

例如，a 餐厅月营收 30 万元，只用了 10 人；b 餐厅月营收 100 万元，却用了 50 人，a 餐厅的平均人效是 3 万元/人/月；b 餐厅却是 2 万元/人/月。从长期的劳动力成本大幅上升的趋势来看，b 餐厅如果不优化和提升人效，是无法与 a 餐厅竞争的。毕竟更高的人效，就意味着更高的收入、更高的利润、更高的薪资。人往高处走，所以人才最终也会流向人效高、薪资高的企业。

那么，人效在菜单上如何显现，与菜单有何关系呢？决定人效的因素除了日常的经营管理、专业培训之外，最重要的就是菜单上的产品结构了。因为产品数量、种类的不同，必然也要导致用人用工的不同。

眉州东坡的董事长王刚在和我探讨菜单上的赢利模型时总结了一句非常经典的话，我在这里也送给所有读者："企业的结构效率大于企业的运营效率。"这句话的通俗意思就是"产品结构决定了一家餐厅的运营效率"。

2. 坪效

这个恐怕是餐饮人用的最多，也知道的最多的一个效率了。但是知道不等于理解，理解不等于运用。所谓坪效，就是单位面积里产生的营业额。

例如，一家餐厅面积为 100 平方米，月营收是 30 万元，那么这家店的月坪效就是 3 000 元。

知道这个坪效指标后，我们就要有一个概念，假如我们下一个店的面积是 150 平方米，但是月营收只能达到 35 万元，那么这个店的月坪效就是 2333 元，只有这家店达到 45 万元的月营收时，才能和第一家店具有相同的月坪效。

所以，不是面积越大越好，而是越有效率越好。过去有很多餐饮人之所以开一家店赚钱、开三家店赔钱，原因很有可能就是后来开的店太大了，没有考虑到坪效的指标。

坪效决定了一家餐厅的承租能力，房租不断上涨是大势所趋，一家餐厅如果坪效远远低于同行，尽管当下是赢利的，但从长远来看，只要房租不断上涨，这家餐厅早晚会被高昂的房租吞没利润，也可能被市场无情地淘汰。

坪效指标在菜单上是显现不出来的，但是产品结构决定了厨房面积，而厨房面积高必然挤占了前厅面积，因此坪效看上去与房租相关，其实内在也与菜单上的产品结构相关。

说完了人效、坪效，接下来我们就不得不提到少为人知的品效了。

3. 品效

品效是指每一个产品给餐厅带来的月度效益。一家餐厅是否赢利，我们看一下品效就能估算出八成。

如果一家餐厅的产品线复杂，每一款产品月度产出都不到5%，有的甚至不到1%，就意味着这家餐厅的产品赢利能力弱，没有核心产品（爆款、招牌菜），而集中度越低品效就越低。品效越低，背后隐藏的就是大量的食材会被浪费、厨房的动线和生产方式复杂、供应链无法集中、采购成本无竞争力等一系列的恶果。

为什么可以通过科学、人性的菜单产品结构规划，短期内实现餐厅赢利的提升，就是大幅提升了餐厅的品效。可以说，品效决定了餐厅赢利模型 60% 以上的价值。在本书的最后一章，我将会给大家呈现更详细的案例，这些餐厅在品效上都得到了优化和提升，带来了降本增效这个核心价值。

4. 时效

时效，恐怕就更少被餐饮老板知道了。例如，一家餐厅的租金是按照每天 24 小时支付的，可是绝大多数餐厅的营业时间每天只有 4 ~ 8 小时，有些位置一天只能做 3 小时生意，甚至只能做周一到周五，或者周六日的生意。那么，单位每小时要产出多少营收、多少利润，才能支撑一家餐厅的存活呢？如果事先没有预估，这家餐厅的赢利模型就非常差，赢利能力自然很弱。

另外，在产品规划上，如果不考虑产品出品所需要的时间，餐厅虽然在高峰期时非常忙碌，但是一样很难赚到钱。

例如，一家在一线城市商务中心经营快餐的餐厅，如果老板没有时效观念，爆款产品需要较长时间出品，虽然保证了顾客的口感，但是由于出品效率低，时效太低，最终一个中午2 小时的用餐高峰时间，却只能接待有限的顾客。这样不仅不能赢利，还会延长顾客的等待时间，造成负面口碑。

同样一个产品，如果能多时段、多方式地被顾客点选，就能大大增加品效和时效。例如，西贝莜面村的黄馍馍、红枣核桃糕，既可以堂食又可以外带、外卖，实现了餐品的零售化。这样的产品结构设计，大大提升了品效和时效。西贝莜面村是国内餐饮业少有的优秀企业，所以它的竞争力强就可以拿到最好的位置，而最好的位置让它又获得了更好、更高质量的客户。

5.能效

餐饮老板往往只关注能耗，也就是每月交了多少水、电、煤气等能源费，却往往忽略了能源产生的效能。

能效直接与品效相关，产品越复杂、加工工艺越复杂，环节就越多、能耗自然高，能效自然低。

因此要想管控好能效，首先还是从品效出发。也就是要优化好产品结构，注重产品研发的流程，将我们的能源的利用率达到最佳。

6. 客效

以上五大效率都是企业内部可以掌控的效率，也可以被称为内部运营效率，但是提升这五个效率最终是为了更好地实现客效。

因为没有客效，就没有最终实现的利润，正如德鲁克大师所讲"企业的宗旨是创造顾客"。对于餐饮企业来讲，如果一家餐厅没有创造顾客和留住顾客的能力，那么将很难持续赢利。

餐厅要通过不断地优化产品结构，通过上新和其他产品营销手段，实现促进顾客人数、消费客单、消费频次来增加赢利。

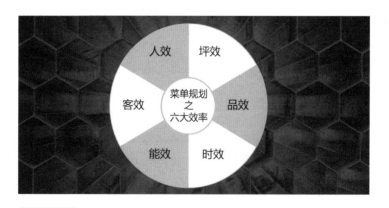

菜单规划之六大效率

了解了这六大效率，我们就会发现，菜单上的产品结构才是餐厅经营的核心。所谓牵一发而动全身，纲举目张，打蛇打七寸，餐饮老板懂得产品结构的重要性，懂得科学、合理、人性化地去构建优良的产品结构，才是餐厅经营的重中之重。

相信在未来的探索中，伴随着餐饮业全数据的实现，用数据来指导企业的经营会成就现实可控的指标。这也就是我们一直在讲的"菜单是餐厅经营的起点与核心"之所在。

企业存活下去的前提是有盈余，如何内外一致地高效经营，是企业在竞争中能够存活下去必须解决的问题。

产品结构决定餐厅经营的利润结构

我们前面很多部分都提到了产品结构的重要性，而产品结构更重要的是跟企业的利润正相关。

1. 消费者能感知的只有产品、服务、环境，但核心是产品

无论时代如何变迁，无论消费者如何变化，餐饮经营的三大

要素——出品、服务、氛围都不会变化。餐厅的老板也永远围绕着目标消费者，通过这三个要素的组合与创新来满足消费者不断变化的需求。

回归到餐饮的本质，出品永远是第一位的。比如中华餐饮的百年老字号"全聚德""五芳斋""同庆楼"，只要它们品质如一，不断迭代升级，就能保持持续的生命力。

再看看麦当劳、肯德基，通过不断升级产品，使之更符合中国年轻一代消费者的喜好，一次又一次地进化、蝶变。

产品力是餐饮品牌的魂，我们需要拥抱时代的改变，但是更需要守住那些不变的。不变的就是消费者对好产品、好生活的追求。餐饮业要顺应消费者的升级，我们的产品也需要升级。

以麦当劳为例，近年推出的"米其林厨师级"汉堡，弱化"雪碧、芬达、可乐"老三样饮料的份额，创新更多的甜品和饮品，使得麦当劳从果腹型快餐向休闲型快餐转型，无一不是靠产品升级和产品结构的调整。

在这里，我要再次提醒各位餐饮老板：近几年很多媒体、自媒体人为了博取眼球、获得关注，总是宣扬某某品牌又搞了什么营销，做了什么活动，就获取了数万的粉丝，成为网红。营销万能论是餐饮业最可怕的理论，没有营销是不能的，但营销绝不是万能的。更何况营销不等于炒作，不等于博眼球。要知道经典的营销学理论里，营销最主要的四要素是产品、价格、渠道和促销。其中，产品和价格占了50%的比例，而从实际权重上看还远远不止50%。

我观察了诸如麦当劳、吉野家、呷哺呷哺、巴奴毛肚火锅、西贝莜面村、老乡鸡等品牌在近两年里关键的动作，他们都将80%的精力放在产品升级和产品结构调整上。

2. 结构效率大于运营效率

菜单结构规划的提出，引起越来越多的餐饮企业和服务公司的关注和重视，让我们的餐饮经营可以通过菜单来进行系统的规划。

以前大家重视的就是运营效率，把服务流程和店长的培训等做得越来越强。当然，这也只是部分餐饮企业。像东北的将军牛排2017年荣获中国好餐厅，他们的运营比很多餐厅都做得好、做得强，但这对企业的要求是非常高的。如果我们能够从优化产品结构入手，通过结构化的调整减轻服务的压力、运营的压力，那么企业的生产效率也会提高很多。

结构效率就是以产品结构为中心，兼顾考量人效、坪效、时效、能效、品效和客效的最优组合。遗憾的是，目前国内餐饮业的信息化、数据化程度还不高。尤其是餐饮业的数据不完整，大量的数据零散地存在于不同的信息系统里，导致一个又一个的数据孤岛。这些数据孤岛无法帮助餐饮企业提供完整的数据分析，也就不能用数据来指导经营，更无法帮助企业建立产品结构模型。

结构效率来源于完整的数据和数据分析，我在这里呼吁各位餐饮老板尽快拥抱信息化、数据化，也期待国内有更专业的数据公司提供更好的数据产品和服务。

3. 利润结构来源于产品结构

我经常问大家一个问题，50 道菜单与 100 道菜在同等竞争水平的相同业态下，哪个餐厅的成本更低、利润更高，哪个赚的钱更多，大家很容易回答 50 道。那么同样都是 50 道产品并且还是相同的其他条件下，哪个餐厅的成本更低、利润更高呢？

餐厅的产品不同于消费品，消费品往往是指有针对性地买一个所需的产品，而去餐厅吃饭则是买一组产品，是不同客群、不同场景下的一桌产品的组合。所以，如何构建以顾客体验为核心的一餐组合就显得尤其重要了。

这一餐组合显然是来自我们的产品组合，即我们所说的产品结构。之所以要强调结构，原因在于结构更能体现出整体与局部，以及各个要素之间的关系而产生的最佳配置比。

比如蜂巢的结构，它为什么做成正六边形？科学家们研究发现，正六角形的建筑结构密合度最高、所需材料最简、可使用空间最大。因此，可容纳数量高达上万只的蜜蜂居住。这种正六角形的蜂巢结构，展现出惊人的"数学才华"，令许多建筑师自叹不如、佩服有加。

蜜蜂用等量的原料，使蜂巢具有最大的容积，因此能容纳更大数目的蜂蜜，精巧神奇，而且十分符合现实需要，是一种最经济的空间架构。菜单规划中的产品结构，在当下竞争越加激励的时代，如何用更少得更多，也就是用最佳配置的产品结构获得更高的经济效益，即得到最高的利润，是我们提升效率的一大核心指标。

03

产品数量加减的道法术器

我的公众号文章里写了四篇跟减法有关的文章，我之所以如此重视做减法，不是因为我个人喜欢简单，而是餐饮业是从一个无序、无章法的状态走过来的，大部分餐饮企业做的都是加法，最终我们看到大多数菜单上都密密麻麻地排满了产品，根本不知道如何下手点选，更谈不上对产品的认知了。

古人说的好："少则得，多则惑。"这句话出自《老子》，其实古人早已把人类智慧的精华总结出来了。或许我们时常陷于忙碌，少了点时间去思考和领悟古人最精华的思想。所以，科学地站在消费者体验角度的做减法，其实是减出消费者对你清晰的、精准的认知。

在一二十年前敢于下海的人，尤其是做餐饮的人，其实大多是由于生活所迫，起早贪黑地从一个小摊、一个小店慢慢地发展起来。那个时代的节奏是慢的，信息是非常闭塞的，但只要你勤恳，往往后来都开起了饭店、酒楼。

随着物质生活水平的不断提高和差距悬殊，我们在家吃与在外面吃有着非常大的差别，家里往往是粗茶淡饭，而到外面吃往往都是有特别原因的，比如各种喜事宴请、聚会等。那个时代饭店做什么都感觉比家里好，所以加新产品也是那个时代的一种比较优势，而且竞争不强，你只要做得出来就卖得出去，还没有那么多人跟你抢生意。

过了这么多年，信息、时代、人的物质需求和心理需求发生了天翻地覆的变化，竞争愈加激烈。这个时候，你生产越多可能越卖不出去了。而当竞争越强的时候，一个企业的综合能力变得越来越重要。首先是消费者对你的认知力，这个认知力来源于你对品类的选择和对品牌的宣传力，这叫作如何占领消费者的心智认知。一旦消费者对你这个品牌有了等同某个品类的心智认知，你的品牌就慢慢形成了在消费者头脑里的预售，比如星巴克代表咖啡、麦当劳代表汉堡、巴奴代表毛肚火锅等。

这几年，菜单上满眼看到的还是密密麻麻的菜品阵列，经常厨师、老板出去一趟，发现别人家好的产品就自己也研发出来，以至于菜单上都排满了，但有时候消费者还是觉得没什么菜可点。其中的原因到底又是什么呢？

我们来看这个例子：类似的餐馆，如果业态大体相同，品类也差不多，那么一个餐馆100道产品，另一个餐馆50道产品，哪个餐馆的效率会更高，我想一般人都不会回答错，50道会更高。

从认知上来看，如果有50道产品，并且我们能够把爆品塑造好，把辅助产品搭配好，把核心产品做精，通过色香味器形意养来做好产品的出品，再通过菜单的引导设计来呈现给消费者，哪怕只有30道产品，消费者也不会觉得没菜可点。

从空间上来看，谁单店占的面积更少，反而更容易标准化复制到更多城市？

从心智上来看，谁更容易被认知？如果产品都做得不错，你更容易选择谁？

从信息时代的需求上来看，什么才是消费者真实的需求？城市不同，级别不同，消费者不同，我们不能以偏概全。但在这个信息过剩的时代，是你帮他们把需求的路径考虑周到还是选择让他们在庞杂的信息中寻找一个入口呢？

不知道你有没有发现，大而全的销售平台或大而全的餐饮业态，现在越来越细分了，比如专注水果、生鲜的销售平台；以前只叫火锅或是水饺的餐厅，现在都开始分化了，更具象地偏向一个有精准认知的品类，如巴奴毛肚火锅、喜家德虾仁水饺。而我们发现这些品牌的产品结构比较清晰，产品数量也比同行少很多，那为什么这些品牌的势能很高、生意很好、店也越来越多呢？

巴奴毛肚火锅和喜家德虾仁水饺这两家企业也是近几年势能才变得越来越高的，已经经营了十来年了，就是因为他们提前做了改变，做了品类聚焦，做了减法，提升了整个品类品牌的认知。

当物质不再缺乏，甚至过剩时，我们不再因生活空间中的物质少而烦恼，而是因多而负累。我们会看到这几年越来越多的人践行断舍离。另一方面，当信息不再闭塞，而是过载时，我们获取信息的渠道变得无比畅通，我们处在一个知识洪流的时代，如何识别、选择就成为我们面临的一个问题。心理学上有一个现象叫"决策瘫痪"，就是选择多的时候只能放弃选择，因为选择过多，造成选择成本过高。

因此，做减法不是一个技术或是技巧，而是我们这个时代以至未来都要有的思维。不具备这种思维，你很可能被淹没在产品或是品牌的洪流中。

对于餐饮品牌来讲，如何做减法呢？这里我总结了道、法、术、器四个方面。

1. 道——天时地利人和

兵法有云："天时、地利、人和，三者不得，虽胜有殃。"意在古时作战时的自然气候条件、地理环境和人心的向背。

那么，我们在这个时代做生意，是否需要先洞悉这个行业的竞争和供求关系呢？

时代在改变，消费在升级。随着时代的进步，我们对应物质和精神的需求都在发生变化，所以认清时势、顺势而为，就会事半功倍。

我们将供求关系分为三个阶段：一是工业时代阶段——供不应求；二是市场时代阶段——供需求平衡；三是心智阶段——供大于求，物质供给开始过剩。由原来物质的匮乏到现在物质越来越丰富，导致产品过剩，经历了由工业时代的供不应求到市场时代的供需平衡，进而到现在的我们称之为心智时代，物质开始全面过剩。在这样一个时代，我们首先要明白的是心智意味着什么，过剩带来的又是什么。

从西方工业发展轨迹来看，大规模工业化生产带来效率提升的同时，必然带来产能过剩。不管从乔布斯的简洁的力量，还是这几年盛行的断舍离，我们不难发现大家越来越陷入"多"带来的烦恼，对于物质的"多"当然会伴随着选择的成本加剧。这是我们要认清的一个趋势。

2. 法——从消费者心智出发

从物质匮乏到物质过剩，消费者购买的选择和路径发生着巨大变化——从吸引消费者的关注到关注消费者，以前我们只需要在电视、报纸等媒体上做广告来吸引消费者，现在需要时刻关注消费者的动向和心理需求，这也是心智时代企业变革的必由之路。

由于信息的爆炸和物质的过剩，导致消费者心智成为稀缺资源。如何站在消费者角度思考审视和运用菜单，才是菜单规划的终极法则。在消费者心智中建立差异化，才是餐饮品牌和产品进入消费者心智的不二法门。对消费者心智规律的认识与理解也成为餐饮老板最大的挑战，闭门造车和跟风抄袭都不足取，餐饮老板既要关注自己、关注同行又要深度研究消费者心智规律和心智模式。

接下来我们从定位的心智六大模式来看菜单在产品结构规划中的运用。

(1) 心智容量有限

人的记忆容量有限，不管是七定律还是遗忘曲线，我们一般人记忆的容量是非常有限的，所以我们的产品结构不能有太多选择，同时要重点突出，让顾客记住你的爆品或者说招牌产品。

(2) 心智厌恶混乱

复杂就会混乱，不管是复杂的答案、复杂的产品、复杂的技术还是复杂的 App，我相信在这个时代没有多少人喜欢复杂、混乱，因为复杂的事物是很难产生价值的。我们更向往简洁有美感，所以菜单不能混乱。从产品结构到菜品照片再到设计，都可能因为没有章法、排版混乱，而让人看了心生厌恶。

(3) 心智抗拒改变

局部改变通常会破坏一致性。这里意在不要变来变去，否则菜加来加去，最后变得四不像，慢慢丢掉初心，找不回自己。对你无序的改变，消费者自然也会产生心理变化，最后他也不知道来你的餐厅到底想吃什么。这一点放在口味上也是如此，如果你的产品口味不能有一致的高标准，下次来和这次来吃的感觉变了，也会让消费者对你产生抗拒。

（4）心智分类处理

消费者的心智分类处理模式是他们认识世界的基本方式，所以要明确产品种属，遵从顾客分类标准，重视营销场景。要把产品分类项做得易看、易点，有视觉和意义区隔，同时适应顾客的消费场景。

（5）心智寻求安全

这里表现在消费者的损失厌恶、社会认同、权威效应、熟悉效应、保留选择与逃避选择的模式上，所以我们的品牌和产品要尽可能通过打造信任状、零风险承诺等带给消费者心理上的安全感。

（6）心智关注差异

如何让消费者认识你，打造差异化的利益点，显得非常重要。因为消费者关注差异，他们会有好奇心、对比效应、自我彰显。一句话，消费者害怕选择过多，选择越多越容易造成放弃选择。

从苹果手机打破手机行业的数量战术到餐饮业的单品制胜，本质上都是因为顺应了人的心智规律。

深入了解这六大心智模式不难发现，在这个信息爆发、竞争激烈的时代，我们为什么要聚焦。只有聚焦，深入一个事物本质，找到差异化，你才有可能战胜对手。

3. 术——建立有效的操作方法

有了上面的道和法，就要采取有效、合理的操作方法来进行下一步的落地。从消费者的心智出发，对人群的了解和洞察就少不了。而且餐饮的产品是一大根本，所以我们先从品牌端——菜系和人群这两个概念来进行梳理。

除了我们中国的八大菜系外，随着时代的发展，竞争的加剧，我们的产品为了顺应消费者的心智，也越来越分化，所以做融合菜是非常少且难的。目前的单品或者是爆品策略越来越盛行，不是因为产品本身，而是因为顺应了这个时代的消费人群的心智认知。

要明确我们的产品来源于哪个菜系，或者说是哪个品类。前面讲过品类，如果是做粤菜这个品类的，产品线就要围绕粤菜的菜系去延展；如果是做酸菜鱼这个品类的，就可以研究酸菜鱼来自哪个菜系、有何历史渊源以及什么样的产品与酸菜鱼搭配合理等。

中国美食文化源远流长，可挖掘的宝藏真的很多。像西贝莜面村的西北健康特色美食，虽然不在八大菜系里，但因为消费升级和消费理念的转变，从大鱼大肉到健康、精致和对好食材的渴望，西贝莜面村算是把一个地方的特色产品做成了一个品类。西贝莜面村的菜系就是围绕西北健康的五谷杂粮和牛羊肉的特色美食来展开的。

我要服务谁，我能服务谁，我的产品会成为这类人群的喜好吗？只有人群与对产品的需求对应上了，这个生意才能真正可赢利并可持续地运转起来。

通过对品类、菜系的选择和对消费人群的了解，我们在产品的选择上要遵循这两大概念指标对产品做减法，而不是随意加减。

现在开始从粗放经营到精细化运营管理，学会科学地运用好数据，对经营的指导会非常有效。在这里，我们从营业额和毛利这两个主要方面来进行量化筛选。

我们分别从产品的营业额和毛利的多与少进行等级划分，分为 A、B、C 三个等级，两两组合共分为九个区间，最好的是 AA 级，即营业额与毛利均是最好，最差的是 CC 级，营业额和毛利都属于最少的、最后的。

我们可以从这四个方面来进行筛选、加减，其中菜系和人群是在品牌端的人群定位和品类战略里要搞清楚的事。营业额和毛利则可以用下面的表格进行筛选。在筛选的同时，还要考虑供应链端的稳定性，以及生产端易操作、标准化可形成。

4.器——工欲善其事必先利其器

利用好现代化工具是提高工作效率的一大前提。我们可以用一张表格，把菜品分类、菜品名、每道菜的营业额及毛利润按月计算出来，如下表示例。

菜品的营业额与毛利润表

菜品名	菜品毛利（元）	产品售价（元）	某月出品数量（道）	某月销售金额（元）	某月销售毛利润（元）
宫保鸡丁	10	28	1000	28000	10000
麻婆豆腐	6	22	800	17600	4800

再将它们的占比用表格的方式列出来、算出来，并进行排序、划分等级。可以先分两个工作表，销售额一张表、毛利一张表，然后算出它们的占比，如下表所示。

以销售额为指标的统计划分

产品名	1 月/万	2 月/万	3 月/万	4 月/万	合计	销售额占比	累计占比	级别
产品 01	30	26	28	32	116	27%	27%	
产品 02	20	22	24	26	92	21%	48%	A 级
产品 03	19	15	16	15	65	15%	63%	
产品 04	12	10	9	11	42	10%	72%	
产品 05	9	6	8	8	31	7%	79%	
产品 06	7	5	6	7	25	6%	85%	B 级
产品 07	5	3	5	6	19	4%	89%	
产品 08	5	2	4	5	16	4%	93%	
产品 09	3	2	3	4	12	3%	96%	
产品 10	2	2	4	3	11	3%	98%	C 级
产品 11	1	0.8	1.2	1.5	4.5	1%	99%	
产品 12	0.9	0.6	0.8	0.6	2.9	1%	100%	
					436.4			

注:此表是以销售额为指标的统计划分,以毛利润为指标的 ABC 分析类同。

假设这样一张客户的表格,就是计算出每个产品的营业额和营业额的占比,这个计算的时间周期最好是 3 个月以上(半年或是一年),在之前未调整菜单的一个时间周期里。

通过对这个营业额占比从大到小的排序,排序累计前 70% 的产品属于 A 级产品,累计 70%~90% 的产品属于 B 级产品,90%~100% 的属于 C 级产品。

毛利的算法同营业额一样,排出 A、B、C 三个等级的产品,最终得出哪些是 AA 级、哪些是 AB 级,哪些是 CC 级等,然后进行筛选、做减法。

产品分级

之前在给一个客户做分析的时候，大概有近 300 个产品，产品结构的复杂程度无法形容。虽然这 300 个产品不是都放在菜单里，但可见其一年里也是不断地变来变去。问其为什么，也没有什么理由。

通过重新梳理、规划其产品结构，最终调整到 70 多道菜品。通过对产品结构的重新调整，大大地做了减法，同时对其品牌印象和品牌表达也进行了升级，规划后设计出了符合品牌调性和易于消费者点选的菜单。

04

定价即经营，定价即利润

市面上有很多讲定价的书，网络上也有很多讲定价的文章，比如成本定价法、消费者需求定价法、竞争定价法等。为什么看了那么多文章，还是搞不清如何定价呢？

首先谈谈我对定价的理解，在营销学理论里，定价是营销 4P 中的重要组成部分（营销 4P：产品—Product；定价—Price；渠道—Place；推广—Promotion）。我觉得有必要在这里再提一下营销的 4P 理论，原因是绝大多数餐饮老板经常会把推广当成营销，事实上营销包含产品、定价、渠道、推广四个重要的要素。所以，就别再争论是产品重要还是营销重要了。因为产品是营销的重要组成部分，而不是独立和对立的。

另外，大家不要小看营销 4P 理论，任何成功的品牌都脱离不了这四个要素。虽然这个理论已经诞生 60 余年，但是后来所有的营销理论都是在此基础上演化而来的。

定价既然是营销 4P 当中的重要组成，当然也脱离不了其他的 3P。例如，不同业态的品类，其产品有不同的定价策略，快餐是刚需高频产品，消费者对价格敏感，所以定价往往采取成本加成定价法则。而火锅作为一个休闲聚餐类产品，大家更讲求品质，因此就可以采取品质溢价或者服务溢价的法则。巴奴毛肚火锅采用了品质溢价，海底捞采用了服务溢价。

同样，不同的渠道也有不同的定价策略。街边店、社区店、高档的购物中心，同样一碗牛肉面，价格从 15 元到 35 元不等。单纯看产品的品质不会有几倍的差异，但是定价可能相差几倍，这就是渠道与定价的关系。

至于推广（Promotion），自然是应对不同的季节时令、不同的节假日、不同的供求关系，也有不同的定价法则。比如，圣诞节、情人节、春节、时令菜品上市，都可以有更好的溢价空间。

餐饮企业最不可取的就是常年打折促销，对于非标准品的餐饮企业而言，虽然表面上看由于供大于求，产品是过剩的，但对于每一个有品质的品牌而言，都是独一无二的。由于互联网平台的介入，引发的团购、外卖补贴把餐饮业引向了价格竞争导向。再加上一些所谓的营销专家用一些恶性低价手段误导餐饮创业者，让这个市场陷入低价恶性竞争当中。

我在这里呼吁，伴随着中产阶层大规模的诞生，90 后成为消费主力，价格敏感型用户会越来越少，价值敏感型用户会不断增加。如果餐饮老板老停留在价格拼杀的阶段，长久来看是很难存活下去的。

在现实的经营中，定价既是一门科学，又是一种经营模式。我将餐饮业典型案例进行了拆解，发现不同时代有不同的定价之道。

1. 外婆家的低价高翻台策略

曾经有一个餐饮老手跟我分享，他有几年就被外婆家带到沟里去了。原因是他模仿外婆家的低价策略，把菜品价格定得很低，然后把餐厅装潢做得很好，却没取得外婆家的排队效应，最终导致经营困难。

因此，我们分析这些成功大品牌的定价策略，不是让你单纯模仿，而是告诉你他们这样定价背后的原理是什么。很多企业的成功，都离不开天时、地利、人和。

我们前面讲到，定价是营销 4P 理论的一个组成单元，还需要另外三个 P 来协同支持。另外，不同的企业有不同的基因，其成功都是建立在企业优势的基因里。

外婆家之所以能成为上一个 20 年现象级的餐饮品牌，事实上有两个重要的成功要素。外婆家创始人吴国平在从事餐饮之前在企业从事经营管理，做过 8 年的车间主任，对生产流水线有着深刻的理解。因此，他能够用工业生产流水线的思维方式来经营餐厅。事实上，麦当劳的革新也是用汽车工业流水线模式革新了烦琐的传统西餐，高效的流水线作业能够确保品质稳定，而规模化生产又能控制好成本。

因此，我们能吃到三块钱的麻婆豆腐，能感受到外婆家的高性价比，形成了外婆家的高翻台、永远排队现象。而吴国平的另一个优势就是拥有极高的审美情趣，这与他多年和沈雷等国内一线设计师、摄影师常在一起相关。因此，外婆家的装修独具一格，引领了一个时代，而吴国平也被称之为"快时尚餐饮教父"。

动辄排队两三小时的外婆家，成为购物中心的引流店，就可以获得购物中心的补贴，只要支付极低的房租，房租的大幅降低又可以让外婆家降低成本，让利于消费者，从而形成一个正向循环。因此，也许最初吴国平只是抱着让大家以高性价比的价钱吃到小时候"外婆家里"的美食这样的美好心愿，但最终这个定价策略成就了外婆家，成就了吴国平。

这种低价高翻台策略在日本"俺的系列"餐厅也被创始人发

挥到极致并大获成功。因此，定价不是一种单纯的方法，而是一种商业的赢利模式。

2. 海底捞的服务溢价策略

海底捞火锅在 10 年前就达到人均 100 元以上的消费金额，而同时代的同行大多数在 60 ~ 80 元客单价。火锅作为标准化程度最高的中餐，差异化并不明显，凭什么海底捞可以卖到比同行溢价 25% ~ 50% 的价钱？那就是"人类再也阻挡不了的海底捞服务"。

海底捞是中国餐饮业最经典、最传奇的品牌，用"一个品牌改变了一个行业的服务品质"来赞美海底捞丝毫不为过。在上一个 20 年，中国人刚刚富裕起来，在外就餐的经验并不丰富，可选择性也没有今天这么高。尤其在刚开始供小于求的时候，整个餐饮服务业的服务意识还非常缺乏，消费者经常花钱买气受、花钱买罪受。

而海底捞超越五星级酒店般的服务，让"服务饥渴症"的中国消费者为之疯狂、趋之若鹜，媒体的推波助澜更让海底捞成为"服务品质"的代名词。为了享受五星级酒店的服务，多花点钱算什么。于是，海底捞享受着当时整个火锅业最高的溢价，把店开到了全国。

除了海底捞的服务，海底捞员工享受到的超级福利也是互联网和同行间的口碑话题。员工可以住在大城市的一流公寓，有保姆洗衣打扫卫生，给员工家里寄钱，春节期间的收入一半归加班员工等。

事实上，我认为海底捞张勇的定价策略就是把原本应该由顾客给的小费计算在菜品的溢价里，由企业制定各种奖励政策发给员工。因为中国人没有给小费的习惯，因此这种服务溢价的定价策略就成为中国式特色的小费。

但是，为什么很多企业学习海底捞却很难学得会呢？第一，人们只记住第一名，海底捞就是服务第一名；第二，海底捞有一个极大的资源优势，就是张总家乡简阳有着丰富的年轻劳动力，他们渴望走出家乡，跟随张总到大城市，通过自己的双手改变命运。事实上，到今天海底捞的基层员工还亲切地称呼张总为张大哥，这种家乡亲情文化才是海底捞最难被复制的，当然更难复制的是创始人的心胸和格局。

3. 西贝莜面村、巴奴毛肚火锅的品质溢价策略

西贝莜面村能把一碗凉皮卖到近 40 元，一个馒头卖 12 元；巴奴毛肚火锅把一盘毛肚卖到 78 元，这两个品牌的共同点是打破了餐饮业低价低质的恶性循环。

我把以它们为代表的定价策略称为"品质溢价"。大家有没有发现,不同的时代有着不同的定价策略。当人均 GDP 即将突破 1 万美元时,当中国迎来大规模的中产阶层诞生时,高品质产品成为人们的最大需求。

虽然餐饮业达到了 4 万亿元的消费总额,年均增长 10%,但这个增长究竟是质量的增长还是数量的增长?虽然购物中心的飞速发展使得中餐整体的经营水平得到大幅提升,资本和人才的涌入也让整个行业的从业者素质得到提升,但是作为一个行业研究者,最直观的感受是能够提供高品质食材、高品质服务的餐饮连锁品牌还远远不够。

一分钱一分货,好的食材就应该有好的价格。当西贝承诺"闭着眼睛点,道道都好吃",巴奴打出产品主义的大旗,事实上都是在为行业做出方向性的指引。

希望像西贝莜面村、巴奴毛肚火锅、眉州东坡这样的品质餐饮品牌越来越多,让这些领先者充分享受餐饮的质量红利,从而引导更多餐饮品牌共享品质红利。

定价与企业经营的主导思想有着必然的联系,这也是与企业命运息息相关的关键所在。

至于一些定价小技巧在菜单上如何体现，这是站在顾客角度对其消费心理的把握。比如价格尾数不要过多，有的菜单的产品价格尾数几乎把 1 到 9 都用上了，会造成消费者看到数字时的混乱；价格对比技巧，比如设定高、中、低三个产品的价格维度，而你最想卖的就是中间价的这个产品，你可以用这个技巧，并把这个中间价产品的价值塑造得比其他两个更好；再如价格的字体大小，不需要排在先入为主且突出的位置，除非你要突显此产品特别便宜。

需要强调的是：以道驭术，术亦有道；道术结合，相得益彰；道术相离，各见其害；轻道重术，则智术滥用，手段极尽，故生酷吏与小人。

技巧的运用不能脱离实际环境，更不能脱离战略的需要，因此需要我们对环境、对品牌战略有充分理解，才能熟能生巧、灵活运用。

很开心能把我的研究和实践通过图书的方式呈现给大家，早期我是以咨询的方式来接客户的菜单规划案子，从理论到实践再到理论，通过反复的验证和系统的打磨，让越来越多的餐饮人找到了方向和经营思路，从而使他们的经营有了新的改变和起色。希望本章的案例能给你带来更多的启发和指导实践的价值。

第 6 章

菜单规划案例展示和专题分享

Chapter Six

很开心能把我的研究和实践通过图书的方式呈现给大家，早期我是以咨询的方式来接客户的菜单规划案子，从理论到实践再到理论，通过反复的验证和系统的打磨，让越来越多的餐饮人找到了方向和经营思路，从而使他们的经营有了新的改变和起色。希望本章的案例能给你带来更多的启发和指导实践的价值。

西贝莜面村如何把产品当明星般塑造

西贝莜面村是一家经历 30 年风风雨雨的餐饮企业，做到今天的成绩，着实不易。人们常说创业难，但守业更难，这一路上不知要面对多少问题、多少抉择，稍有不慎很可能就得从头再来。

西贝莜面村的贾总在餐饮圈有一个称呼叫"硬汉"，我想这一是跟他是内蒙古人有关，二是跟他在这么多年企业经营的生涯中敢为人先、越战越勇、不畏艰难的性格有关。跟贾总交流过几次，切实地感受到一个真实、爽朗的硬汉形象，说话直爽，行动快速。

有一点能证实他的性格，那就是他听到我们开设了门头战略和菜单规划的课，立马让管理层多派几个人来学习，之后没两天就快速报名了。我想这一是他直爽的表现，二是他带领的整个企业也同样行动快速。

他们在学习完我们的课程后，也是快速付诸行动，不管是堂食菜单还是电子、外卖菜单，都能让我们看到改变，真的觉得越优秀的企业行动力真的是太强了。正巧这次学习是在他们的爆款产品牛大骨上新前，我相信贾总对牛大骨产品也花了很多心力，我感受到的是优秀的企业在做出一个改变前一定会搜集信息、做到心中有成算。

优秀的企业总是优点很多，不过我最想跟大家说的是西贝对产品的塑造，像明星一样把它们的价值塑造了出来。我通过长久的观察和体验，总结了他们对产品的三用，即用心、用力、用情。

用心，我觉得最大的作用就是方向正确，我们的心放在哪里，那里是否承载着事物发展的关键所在。在我看来，把心用在产品上，不管是在餐饮业还是其他行业都至关重要，我现在也同样会把我 70% 的时间用在我的知识产品升级上。贾总会花大量的时间寻找好产品、研发好产品，为的是能够让消费者吃到更健康、更舒适的一餐。

用心，就是找到事物运行的正确方向。

用力，当有了心的正确方向，那么用力才会有着力点，使得上劲，如物理上的做功。当我们把心用在了产品这个方向上，公司上下在产品上形成合力，这个功就会在产品端显示其更大的威力。

用力，就是在正确的方向上使更大的力，必然事半功倍。

用情，情这个抽象的概念其实更注重的是我们的用心和用力是否正向一致地传递给了消费者，让他们感受到了产品带来的物质上或精神上感性的力量。用情在于传递到位，在关键的消费者接触点上都尽可能地做到让消费者有认知，西贝莜面村在这方面做得非常出色。

无论是上新品还是这次打造的蒙古牛大骨这款爆品，都让人感受到了新产品对我们消费者产生的必须一尝的心理，而不是像其他一些品牌的店在上新品的时候，就是在菜单上多了一道菜、一张图，缺乏吸引力。

那么，西贝莜面村是如何做到的呢？是如何让新产品变成门店一道美丽的风景、一个闪亮明星的呢？

从消费者路过门店到进入门店再到坐下来，我们来看看西贝莜面村是如何捕获消费者的心的。现在，我们就以蒙古牛大骨来举例。

经过门店时看到的西贝莜面村外部呈现

经过门店时看到的西贝莜面村外部呈现（续）

消费者经过门店，看到整个门头与陈列，这是非常关键的部
分。当我们经过西贝莜面村门店的时候，还没进店就已经接
触到了蒙古牛大骨，整个布局从位置、大小、远近、静动、
色系方面紧紧围绕牛大骨这个产品来进行表达，只是表达的
形式略有不同，有静止的大灯箱片、有轮播的宣传片、有直
接陈列可见的热腾腾的牛大骨实物。只要你路过，难免不受
到一番食物盛宴般的洗礼，它就是你路过此地看到的最耀眼
的明星。

进入门店后看到的西贝莜面村内部呈现

进入门店口，第一眼就能看到热腾腾的蒙古牛大骨。任何东西都容易先入为主，同时真实、近距离地展示于眼前，会让我们点单的概率大大提升，此时服务员通常会跟我们推荐此款蒙古牛大骨。在我看来，这是一个从门店外无声推销到有声推销的过程，再一次叠加消费者对此产品的印象。回想一下，每每看到美食近距离呈现的时候，我都难免不受其影响，即使当时没点，也会在心里产生一番小小的活动。

蒙古牛大骨专用菜单

进入店内坐下来，服务员第一时间给你呈上两份菜单，一份是之前常用的点餐单，另一份是牛大骨专用菜单，他/她会热情地再次跟你推荐牛大骨，同时店里的多个液晶屏也都在轮番播放蒙古牛大骨的专题宣传片，有的在桌子边的隔断台上也会出现蒙古牛大骨的宣传卡牌。我们会感受到从进店前到进店后多点多次地接触到蒙古牛大骨，当消费者对产品印象层层递进的时候，在一个合适的机会下一定会点单品尝的。

很多餐饮人跟我说研发了很多新产品，但是上新以后消费者根本就没什么反应，销量也很一般，最后大部分都是无疾而终。这导致很多企业花了很多时间、金钱，却没有换来消费者对其产品的青睐。但我真的很想反问他们，对于新上的产品，你们除了研发出了产品，还做了什么？就像一个刚出生的婴儿，就指望他能自己成才，然后给你赚钱，这概率也太小了。

我们可以把任何一个事物都看作是有生命力的，有时候不是这些事物本身不行，而是我们没有赋予它们更旺盛的生命力。在适当的时机应该让它们像明星一样呈现给我们的消费者，做到用心、用力、用情。

02

调整菜单结构后一个月营业额上升50％

现在通过我们的菜单规划来调整企业的经营，并取得业绩提升的餐饮企业越来越多。我们比较早期的一位学员，他在上完我们的门头战略和菜单规划课程后，在我的指导下调整了旧菜单，新菜单经过一个多月的运营，营业额增加了十几万元，使得餐厅快速突破了盈亏平衡线，这对他们的经营来说是一个质的飞越。

之后他也不吝分享，给很多餐饮人讲述了如何通过调整菜单带来营收和口碑双重的提升。

下面是武汉轻烧的创始人戚峰给我们做的菜单案例分享，让我们感受到一个品牌如何从盈亏边缘通过一两个月的调整走向赢利。

大家好，很感谢王老师给我这个机会给大家做一次这样的分享，我把在这个课程中的一些所学和王老师一对一的指导做以详细介绍。我们通过菜单的优化和规划，店内的实际营业额以及整个品牌在武汉的知名度都得到了很大幅度的提升，以下是我的一些实际的收获。

1. 未规划前凭想象做的菜单

我们是 2016 年 5 月 1 日在武汉正式开出第一家门店，那个时候对菜单就是一窍不通，凭着自己的想象去做菜单设计，所以直接导致了我们的营业额提不上去，而且用户体验不好，大众点评上面我们的分数一直都不高。

如上图所示的菜单是我们当时做的第一个菜单的版本，整个分类是比较混乱的，而且没有菜品图片。我推荐的头牌产品也很混乱，用的是大拇指图标，其实客人一般情况下也看不清楚。最后总结的时候发现，我们设定的这种推荐菜其实客人并没有点，最后点的都是餐厅的一般产品。

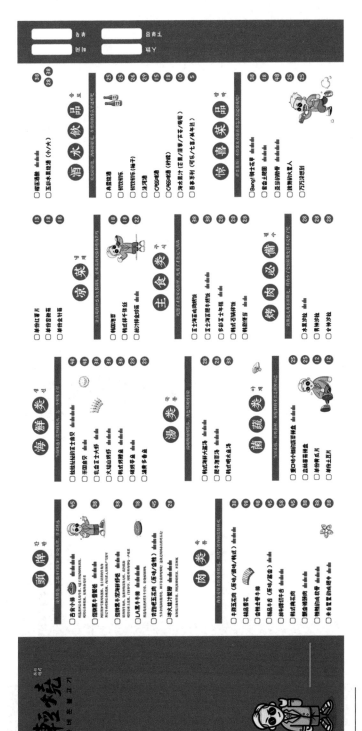

轻烧第一个版本的菜单

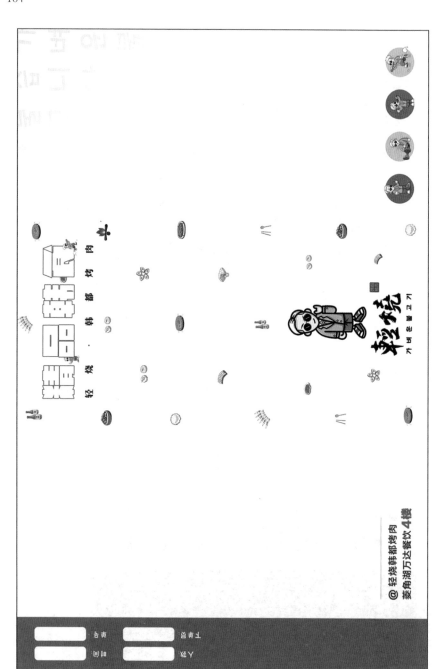

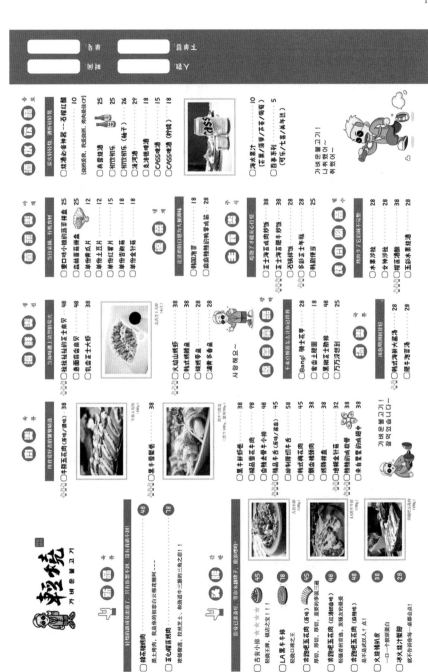

然后，我们做了一个变化，其实就是加了些图片，但当时我们也没有精心地去拍摄图片，显得比较随意。

如上图所示的菜单，当时我给王老师看过，遭到老师的严厉批评，因为问题实在太多。新品被罗列在上面，其实没有太大的意义。我们的五花肉其实有三种口味，在头牌里面分成三个产品来放的。香辣猪蹄其实也没人点，这算是伪头牌了吧，而且放在头牌里面，用户体验其实非常差，也没有品牌口号。分类上更不清晰，还有所谓的惊喜菜品，这样的分类有点自以为是，没有什么意义。所以导致的直接效果就是失败，数据也可以证明。当时每个月的营业额差不多 20 多万元，我们的门面 120 多平方米带后厨，每个月的租金差不多就有 20 万元出头，根本不赚钱。下表是轻烧 2016 年 10 月的前十名销售排名以及营业额的占比。

轻烧 2016. 10. 1—2016. 10. 31 前十名销售排名及其营业额占比

类别编码/名称	商品名称	销售次数	折后金额（元）	折后金额占比
zp/招牌	古瓮牛小排	583	27340	11.05%
zp/招牌	奔跑吧. 五花肉	433	19928	8.92%
nrl/肉类	牛腹五花肉	286	11020	7.07%
zp/招牌	奔跑吧五花肉	160	7776	4.99%
zsl/主食类	韩式石锅拌饭	153	4284	2.75%
nrl/肉类	黑牛雪蟹卷	153	5814	3.73%

（续）

类别编码/名称	商品名称	销售次数	折后金额（元）	折后金额占比
zsl/主食类	芝士海苔肥牛炒饭	145	5548	3.56%
hxl/海鲜类	拉拉扯扯的芝士扇贝	143	7056	4.53%
zsl/主食类	多彩芝士年糕	129	3612	2.32%
hxl/海鲜类	火焰山烤虾	120	4560	2.92%

我们的新品、惊喜菜品都没有排进前十，畅销产品里面也没有我们想推荐的像香辣猪蹄这样的产品，五花肉只有两款点得多，另外一款几乎没人点。

2．规划后菜单的提升效果

通过学习以及王老师的指导，我们做了第三个版本的菜单。这次优化的效果立竿见影，可以请大家看一下。

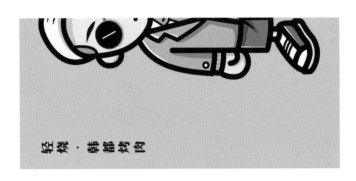

轻烧·韩都烤肉

@轻烧韩都烤肉

爱角湖万达餐饮4楼

[轻烧] 凯德西城店即将开业

轻轻烧 慢慢烤

六必点

大牌 顶级之王

古黄牛小排 ············· ¥48
精选澳洲进口谷饲牛小排，连接牛肋骨的部分，脂肪含少，用特殊秘制腌料，特点本土画丰，咬之脆而不腻，口感很有嚼劲，肉质纯正，瘦中带肥的肉质。

榉花碳烤肉 ············· ¥48
纹理最富有韧性和甘甜的澳洲进口谷饲牛，混合多种水果及香料，用秘制腌料充分腌入味，烤之肥而不腻，厚切有嚼头，嚼味浓郁的风味。

肉必点

实惠肥五花花肉
（原味/香辣） ············· ¥48
6.5毫米厚切，肥瘦均匀，瘦肉多皮厚，肥肉恰到好处，味道QQ弹，嚼劲十足，料理师的招牌秘制肥五花的滋味。

榉花黑牛牛排 ············· ¥18
选肉质牛脂的鲜美的，红肉布满油分的，精选黑牛牛的，肉质温润细嫩的小排，搭配多种调料＋冰冷调料的小嚼料，不用漱部的肉质的

厚切牛舌 ············· ¥65
厚切！爽切！蒸蒸的草肉嫩三分，厚切牛舌经极入口的鲜嫩度，小小的一口变成大大的满足！

拉拉链的好芝士肥仔 ············· ¥48
奶香多+包裹你满包贝，搭配放芝士，会拉出好的肥贝真嗯海鲜爽的松开里！

冰火大口香脆脚 ············· ¥28
搭配极地的蒜和，冰火碰撞天的的里，爽！爽！

海蛮源嫩 ············· ¥38
嚼口味极其，上小地豚鹅辣过米汤，清爽口的腌味，嚼味地的肥泽风凡几里！

食肉兽 草原篇

内之爽！食肉者的海鲜派选

☐ 实惠牛肋骨 ¥49
☐ 他欣薯牛骨 ¥38
☐ 牛骨五花肉（烟味/调味）¥48
☐ 雪品牛小吃 ¥58
☐ 黑牛雪嫩肉 ¥48
☐ 轻烧招牌肩胛 ¥48
☐ 特品黑花牛肉 ¥48
☐ 大坂肩肉皮 ¥38
☐ 香辣香牛牛肉 ¥38
☐ 两坂温醇肉 ¥45
☐ 辣辣的香味骨 ¥38
☐ 美味里的爽肉中 ¥38
☐ 鸡肠超辛辣 ¥38
☐ 烧味全计鲜 ¥38

海里游 好上地鲜

海鲜走上派尤，好上地鲜！

☐ 大包口肉鲜 ¥38
☐ 乳香芝士鲜 ¥38
☐ 暗唖鲜嫩身 ¥45

一屉菜 有机食材

当日采摘，有机食材

☐ 爽口味小龙的/绿菜地盘 ¥28
☐ 森林菌菇拼盘 ¥15
☐ 黄瓜片 ¥15
☐ 土豆片 ¥15
☐ 红薯片 ¥18
☐ 奇斯锅 ¥18
☐ 金针菇 ¥18

汤 & 饭

吃完了才能心心满足

☐ 芝士海苔肉炒饭 ¥38
☐ 芝士海鲜芝士炒饭 ¥38
☐ 海苔辛肉饭 ¥28
☐ 金枪芝士年糕 ¥28
☐ 金枪鱼菜蔬饭 ¥28
☐ 石锅拌饭 ¥28
☐ 韩式海鲜大酱汤 ¥28
☐ 配牛酱汤 ¥28

搭酒饮品

买大块牛肉，酒水免费见

☐ 石榴红茶（放入果类/梦幻搭配）¥10
☐ 西瓜果凉 ¥25
☐ 时饮所乐 ¥25
☐ 时饮所乐（椰子）¥26
☐ 冷饮酪奶绿 ¥29
☐ 冷冻温啤雪糕 ¥15
☐ CASS啤酒 ¥18
☐ CASS啤酒扎啤 ¥10
☐ 海太果汁（芒果）¥10
☐ 海太果汁（葡萄）¥10
☐ 海太果汁（芦荟）¥10
☐ 百事系列
（可乐/七喜/美年达）¥5

烤肉最佳搭档 点对好肉的更美酱油

轻松享用神奇魔法棒，点对好肉的更美酱油

☐ 爽酸甜 ¥35
深色热感香的辣味，野荷菜爽的味及及品多种吃及的方法，并蒸及的多样方式，搭配的美咖啡人方片，第一组。

☐ 水果沙拉 ¥28
搭配一百样的多彩，营养丰富的水果的沙拉，为味热菜上花美味的。

人气推荐

轻烧 2017.2.1-2.28 前十名销售排名及其营业额占比

中类编码/中类名称	商品名称	销售次数	折后金额（元）	折后金额占比
zp/招牌	古翁牛小排	1051	49397	16.46%
zp/招牌	奔跑吧五花肉	689	34224	11.41%
zp/招牌	棉花糖烤肉	383	18768	6.26%
hx1/海鲜类	拉拉扯扯的芝士扇贝	344	16848	5.62%
nr1/肉类	牛腹五花肉	338	13962	4.65%
zs1/主食类	芝士海苔肥牛炒饭	295	11286	3.76%
js1/菌蔬类	重口味小姐的蔬菜拼盘	275	7784	2.59%
nr1/肉类	黑牛雪蟹卷	229	9009	3.00%
zp/招牌	冰火浇汁蟹脚	220	6244	2.08%
nr1/肉类	飘香猪颈肉	219	8512	2.84%

头牌和必点产品非常清晰，从数据可以看得出来，我们的古瓮牛小排这个产品占整个营业额的 15% 以上，棉花糖烤肉也排在第三名，它也是我们主推的产品。现在平均每个月的营业额是 30 多万元，在万达商圈的餐饮商户里面，我们的坪效算比较高的。

除了营业额高以外，大众点评的口碑也非常好。客人点到了我们想推荐的菜，口味排名中，我们现在已经是武汉的第二名，在大众点评的排名我们也是名列前茅。

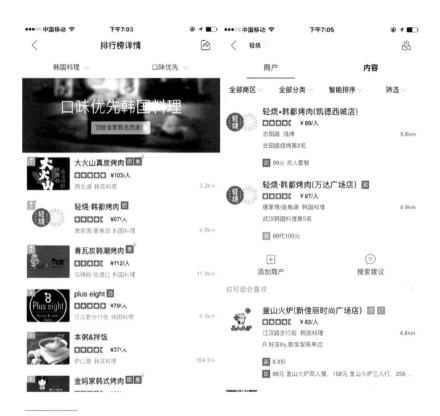

轻烧在同业的排名

我们的人均客单价定位在 80～100 元，其实大众点评的这
个数据有一点儿虚高，我们的实际数据为人均 90 元左右。

通过之前的努力，我们现在的营业额提升非常快。实际上，
我们觉得菜单还是有些问题，比如品牌的表达、品牌的口
号、图片、整体设计风格、产品的组合和排列等。后续新店

开业，我们也会在菜单上做一定的修改。

针对目前这个菜单，我们也在进行尝试，陆续收集一些数据和用户反馈，后续还会做新的调整和规划。我们把品牌的元素进行了强化，"烤肉配酒轻烧一刻"是品牌的主张和口号。

所以相对于老菜单，我们在产品组合上进行了创新。比如酒水，我们自酿了椰子烧酒，自调了榴莲酒酿。来店里的年轻人都特别喜欢，烤肉配酒嘛！这个习惯自古以来就有，但是我们想做得更深入细致一些。

对于头牌产品，我们也进行了产品升级，用了更好的食材，但是价格没有变。未来我们在做轻烧菜单的折页或者手册的时候，会重点或者大篇幅地对这个产品进行深挖。

王老师一再提醒我们关于产品价值的问题，比如说颜值，一般的韩式烤肉可能外观比较随意，但我们现在对它也进行了升级。

下面是我们轻烧的两款主力产品。

轻烧的两款主力产品

现在我们店的常态是每天门口都有人排队。我们所在的位置是一个新商圈，整体人气其实并不太高，除了几个全国性的大品牌和大排档排队现象比较多，一家做了很多年的本地品牌也有人排队，人气比较旺的也就是我们了。

谢谢大家，我的分享就是这些内容。

同样一张单页，如果没有这段分享，你会不会只是觉得设计有了一些变化？如果不是产品结构上的调整、分类、文案以及其他细节上的调整，又哪来所谓的设计好与坏呢？所以，设计的前提是要有明确的规划。

同样一张单页，规划前后的营业额从 20 多万元上升到 30 多万元，这才是规划菜单的重要意义。

设计有无数种呈现方式，而规划的最终目标就是降低成本、增加营收，同样还可以增强品牌的认知，也就是我总结的三个重要观点：

- 菜单是一家餐厅的品牌表达
- 菜单是一家餐厅的无声推销
- 菜单是一家餐厅的赢利模型

有的餐饮人做了很久，一直都很累，但营业额却提不上去；

有的人却在菜单规划后突然发现不仅营业额增加了，就连运营也变得更加轻松。其实，菜单规划与提升营收和品牌知名度都是有着正向关联的。

截至本书完稿的时候，轻烧又在筹备另一家店，而且现在他们做得比较稳，在武汉的口碑也比较好，祝福他们越来越好。

03

菜品从 170 道减到 69 道，营收持续半年增长 25%，净利润提升 6%

"要么忙着活，要么忙着死"（Get busy living or get busy dying.），这句经典台词来自经典电影《肖申克的救赎》。在这部电影中，出狱的人往往有两种命运，一种是被社会救济，被视为最低廉的劳动者，不被尊重，最后无奈自杀；另一种是开启属于自己向往的生活，在太平洋海岸自由呼吸。

这两种出狱后截然不同的生活，不是出狱后的幸运程度不同，而是因为在狱中的一二十年种下了什么因。

一种是在漫无目的地消耗着生命；另一种是在做有方向的准备，有目标地前行。前者与其说是出狱后被迫结束生命，不如说是在狱中早已慢慢终结了自己的生命。

生命如此，生意亦如此。

今天依然可以看到很多人冲到餐饮行业中来，因为觉得这个行业门槛低，好赚钱。在根本没有深入了解餐饮经营的本质及竞争态势的前提下，就开始了门店经营。结果大多数都坚持不到半年，由于房租和人工成本而入不敷出，更别说产品、品牌的建设和效率了。

心智时代的特征，就是要么不出手，出手就必须有强于同行的差异化特征，以及快速占领消费者心智的能力。

对于新手，其实这个要求是非常高的。对于老手，目前活得还可以的也只占小部分，而活得不安的占了大部分。

因为十年前做餐饮，市场和消费者的要求低，没有充分的竞争，所以生产得出来就卖得出去，生存的环境好、竞争的程度低。而现在，你不学习、不进步、不改变，就可能被别人赶上或是替代。因为在这样的时代，不再只拼勇气，更需要拼才能、拼组织能力、拼效率，才有可能让生意做下去，从而活得更好。

在这样一个"拼"的时代，如何抓住经营的起点和核心，事半功倍，少走弯路，这是我们首先要思考的一个重要问题。

接下来，我们通过一位学员的餐饮案例访谈，来看看一家传统餐厅如何能够正确地存活，在适当的时机不忘学习，勇于改变，最后得到提升。这个提升对于很多餐饮企业而言，就像是找到了企业增长的第二春。

在分享这个案例前，我想先问大家一个问题：以前我们的经营是怎么开始的？

品牌名：拾贝

品　类：平价海鲜、传统粤菜

王小白老师：你们的爆品是什么？

杨色平（品牌创始人，以下简称杨总）：拾贝葱香虾，占营收 15% 左右。

王小白老师：请您回顾一下，您是通过什么渠道知道我并认识我的？

杨总：应该是两三年前，就一直关注你的文章，线上学习了三期。

王小白老师：那么你觉得信任我，并敢于进行改变是因为哪些因素？

杨总：因为我一直在整理菜单，深深知道菜单结构规划太重要了。您的品牌表达、无声推销、赢利模型这三个词对我影响最大，还有您一直的专注。

王小白老师：在没有接触菜单规划时，您对菜单是怎么看的？

杨总：没学习前，就觉得菜单只是个工具。菜单类别没有权重，销量和定位就会有偏离，客户点选困难造成点菜时间过长、人效低。最重要的是，用户对品牌定位不清晰，不知道吃什么。

王小白老师：那您现在怎么看菜单？

杨总：学习以后，开始减菜，店长和厨师长都说常客没菜点，他们有很多反对意见。但经过四次对菜单的迭代，带着店长和厨师长一起梳理菜单，他们也慢慢理解了。

杨总：之前对引流产品、高利润产品、合理利润产品各占多少比例并不明确，现在伙伴们都清楚怎么引导点单了。岗位优化砍掉了打荷、传菜岗位。库房也优化了，酱汁调料分配到了部门，最多用量 7 天。食材当天到 1.5 天的备货，库管岗位也优化了。

王小白老师：菜单引导点选很重要，关系整个后厨、餐厅的运营模式和效率。你们在菜单规划前都有哪些问题或者痛点？

杨总：产品太多，产品定位不清晰，用户点选困难，库存量大，人效低，最关键的是食品安全风险高。经过四次改菜单以后，现在大家都觉得货架、冰箱有多余空间了。

王小白老师：以前的营业额是多少，利润是多少？菜单重新规划后，分别提升了多少？

杨总：门店面积 450 平方米，之前月营收 60 万～65 万元，这半年营收 75 万～80 万元，提升 25% 左右，人员优化后减少了 4 人，纯利润大概提升了 6%。

王小白老师：太棒了，又是一个非常成功的案例，希望能够给更多的餐饮人带来启发。

拾贝学习菜单规划前的菜单

干炒牛河 ¥23/份
三丝炒米粉 ¥23/份
酱油炒饭 ¥19/份
扬州炒饭 ¥35/份
苦荞香米饭 ¥35/份

海鲜火锅
环球海鲜煲 中 ¥188/份
环球海鲜煲 小 ¥108/份
安格斯雪花牛肉 ¥99/份

 金砂肥牛卷 ¥59/份
肥牛卷 ¥49/份
虫草鸡 ¥99/只
 蜜约鱼片 ¥28/份
蔬菜拼盘 ¥28/份
金针菇 ¥18/份
野生木耳 ¥22/份
手工面 ¥16/份
大白菜 ¥10/份

 冬瓜 ¥10/份
 海带片 ¥10/份
 土豆片 ¥10/份
  筒子骨锅底 ¥39/份
   老鸡汤锅底 ¥39/份

现榨果汁

青瓜汁 ¥49/扎
西瓜汁 ¥49/扎
哈密瓜汁 ¥59/扎
雪梨雪汁 ¥59/扎

SHIBEISEAFOOD
拾贝海鲜

拾贝向您承诺
选用深海生猛海鲜 / 坚持传统做菜工艺 / 上错菜免费赠送

天然拾贝 放心食材 放心粮油
天然拾贝 吃健康 吃本味
天然拾贝 健康调味 吃在拾贝

—— 贵州拾贝餐饮文化管理有限公司 ——

 盐水大肠 ¥39/份
 宫廷脆香鸡 ¥89/份
拾贝大三元 ¥49/份
拾贝大四喜 ¥69/份

平价海鲜
龙虾 ¥269/斤
蟹 ¥139/斤
鱼 ¥199/斤
¥129/斤
¥99/斤
¥99/斤
¥59/斤
¥99/条
¥19/条
¥19/条
¥59/份
¥68/份
¥99/斤
¥69/斤
¥169/斤
¥129/斤
¥19/个
¥10/个
¥66/份
¥39/份
¥35/份
¥25/份
¥49/份

锦绣刺身
 至尊刺身拼盘 ¥269/份
 锦绣刺身拼盘 ¥159/份
 挪威三文鱼刺身 ¥99/份
 冰镇花螺 ¥79/份
 北极贝刺身 ¥69/份
 海蜇头刺身 ¥59/份

养生炖汤
 鲜虫草花炖老鸭 ¥129煲
 鲜虫草花炖 ¥18/位

  黑皇炖老鸡汤
 凉瓜黄豆地排骨 ¥18/位
 咸筒骨煲萝卜 ¥49/份
 文蛤冬瓜汤 ¥49/份

传统粤菜
 酥炸黄花鱼 ¥19/条
 客家咸肉炒水瓜木耳芥菜 ¥35/份
 水瓜锅巴配焖南瓜 ¥35/份
   文蛤蒸水蛋 ¥35/份
文蛤蒸水蛋 ¥59/份

 菠萝咕噜肉
 跳跳蛙瓜仔牛肉 ¥39/份
 上汤花芽苗 ¥29/份
 花生芽炒叉烧 ¥39/份
 冬菜蒸排骨 ¥49/份
  圣子豆豉跳蒜薹海手头 ¥45/份
 五谷牛柳 ¥39/份
  石锅翡翠豆腐 ¥45/份
  酱爆鲍粒肉 ¥59/份

 泰式咖喱蟹焖饭 ¥69/份
  泰式咖喱蟹螯 ¥79/份
 狐皮咖喱圆蹄
 五彩炸拼 ¥59/份
 蟹肉烩粉条 ¥59/份
 铁板喜香粉丝 ¥45/份
 铁板黑椒牛仔骨
 砂锅烧焗山药 ¥39/份
    铁板海蜇佐年糕 ¥49/份

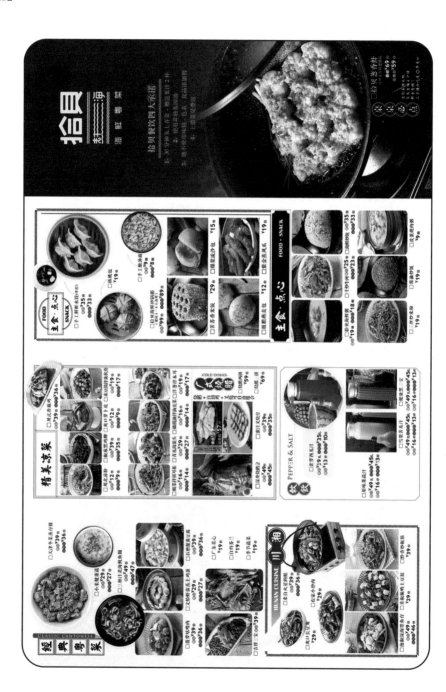

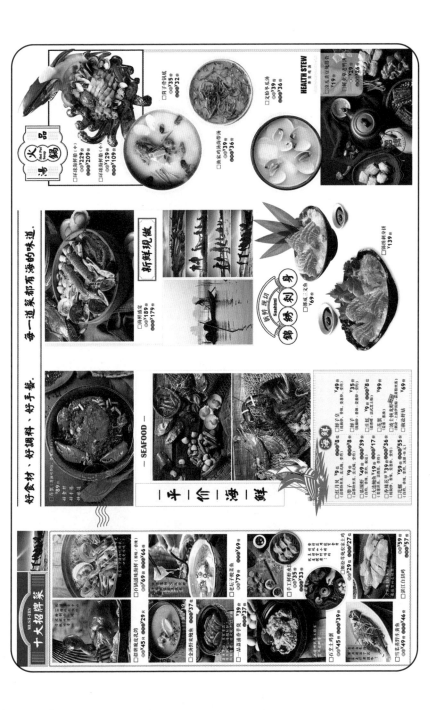

拾贝学习菜单规划后的新菜单

拾贝海鲜能够在杨总的手上越做越好，首先是基于他的学习和持续精进，之后带领整个团队进行学习，大家能够达到一致性认知，共同携手前行。一家餐厅也好、企业也好，它不是老板一个人的公司，组织不能达成一致性认知和执行力，很难取得好的效果。

目前，拾贝又在着手改进新菜单了。当他们找到了经营的本质和逻辑，就能在这个基础上自行迭代，做得越来越好。

我们再来回顾一下在案例开头时问大家的一句话：以前你们的经营是怎么开始的？如果你以前不明白，但愿你看到这里能够真正理解"菜单规划"的重大价值，它就是餐厅经营的起点和核心，是经营的1，没有这个坚实的1，加再多0或数字都是枉然。

这家品牌通过菜单规划降本增效、摆脱了盲目烧钱的经营现状

这两年遇到很多做餐饮的朋友，都说餐饮生意越来越难做，利润越来越低。问他们为什么，大多数回答都是房租和人工成本越来越高了。这虽是必然趋势，但成本高并不代表我们

不可以降本增效，因为以前的餐厅大多是粗放经营的，有太多可以优化的空间。

人生就像是跑马拉松，不要着急，更不要放弃，坚持做正确的事，美好的事情自然会发生。

之前一直忙于客户的案子和精进菜单规划的课程，少了一些和学员的沟通。后来发现很多学员在菜单规划的路上，持续学习、实践、思考再迭代，取得了惊人的成果。他们给我带来的不仅是课程反馈的价值，最重要的是我对人生意义的思考，同时体会到了人生得以改变的力量。

为什么产生了对人生意义的思考呢？

有两个原因：一是我选择菜单赢利规划的方向是正确的。学员们的实践也证明，菜单是餐饮经营过程中不可忽视的项目，因此看到学员实践后的成果，内心满满的喜悦感，让我体会到能够帮助他人是非常幸福的事，也让我的人生有了不一样的意义。

二是学员们持续学习、实践、精进，认知发生了改变。摆脱了盲目烧钱经营的状态，开始从全新的角度实践开源节流、降本增效、精细化管理、统筹人力物力，提升了效率、增强了竞争力，并且取得了良好的经营效果。我为他们的改变感到无比欣慰。

开源节流、降本增效，餐厅的食材成本更低了，浪费更少了，节省了更多的资源，也算是小功德一件。

下面我们来看这个案例的访谈，这个案例再次告诉大家，菜单规划是提升品牌认知、降本增效的最直接、最有效的来源。

品牌名：那溪那山

品　类：原生态云南菜

口　号：无水汽锅鸡，舌尖上的云南

爆　品：无水汽锅鸡

王小白老师：你是如何知道我的？挖掘一下历史上的缘分。

郭琳娜（品牌创始人，下面简称娜姐）：我是在听您的一次群内分享课的时候，知道您的。当时很想学习菜单的知识，于是关注了您的"王小白"公众号，看了您写的关于菜单的文章。

王小白老师：你是怎么认知到菜单的重要性的？为什么会信任我？

娜姐：当时看了您的文章之后，感觉非常好，内容总结得非常实用、精辟，让我弄明白了我们在菜单上存在的一些问题，之后看到您给很多品牌做了指导。

王小白老师：你以前是怎么看菜单的？

娜姐：以前觉得菜单就是一个工具，从来没有重视过。但自从学习了菜单规划，才发现菜单太重要了。

王小白老师：你现在觉得菜单是什么，可以概括几句话吗？

娜姐：菜单是品牌战略，菜单是赢利模式，菜单是无声的推销。菜单基本上把一家店从品牌战略到品类表达，以及赢利模式和销售集合在一起了。

王小白老师：你记住核心了。如果我们把菜单看作一个完善的整体、一个行军作战图，其实所有的核心规划都可以在上面实现。

娜姐：菜单是顾客的导购，要把这些核心规划做在上面呈现给顾客。做菜单时不得不思考很多问题，比如我们的品类到底是什么、我们是谁、我们有什么不同、为什么不一样，还要考虑我们的赢利模式。

王小白老师：你在学习了菜单规划后，做过几次调整？

娜姐：已经做过四次调整了，每次调整都是在有所领悟后行动的。第一次动作比较大，基本是按老师的导图先做了基本框架，突出了爆品、几大分类和基本的品牌文化；第二次又重点突出了必点菜，把爆品和三大必点、三大特色做了重点梳理；第三次考虑了成本问题、菜品结构问题，把一些菜品结合运营重新进行了裁减；第四次把会员营销部分加了上去。最近听完三天线上直播课以后，打算再着手第五次调整。

王小白老师：通过上面的改变，你得到的收获有哪些？

娜姐：通过菜单的改变，爆品的售卖量提高了很多，基本上做到了桌桌必点，甚至吃不完打包带走，爆品的营收占比提高了 5 个点，营业额提高了 1/3，而且确实实现了 80% 的销售来自 20% 的菜品，顾客集中在爆品和十大必点中选菜。这样让我的厨房从原来的 30 人左右减到了现在的 20 人左右。

娜姐：人工成本降了很多，利润也直接增长了 20% 多。营收原来一个月 50 万元左右，现在提高到近 70 万元，利润从原来每月几万元到现在每月十几万元。另外，菜品结构设计上也按菜单课上讲的，从原料、口味、价格带上都做了考虑，菜单调整完后顾客的满意度明显更高了。

娜姐：学习了小白老师的菜单课程，感觉运营能力也增强了很多。这次我计划带团队来复训，这样学习效果更好、更直接。

王小白老师：你们有改变、有提升，我真的很开心，重要的是你们一开始就信任我，持续精进、改变，这是一件幸福的事。

在访谈中，我感受到了娜姐对改变的喜悦，她真的是一个非常棒的学习者和改变者，我们真心希望越来越多的人通过菜单规划改变餐厅繁乱、无序的经营状态。

下面是那溪那山的三版菜单。

蓝蓝的天
有我的红土山坡
倒一壶酒
听长江涛声依旧
春秋冬夏
盼着你回来走走
我的爱
在那溪那山的那边
想起那年
油菜花开的时候
心与心
不远
在这里
看的见
那溪那山．．．
我的家在那溪那山
我的爱在那溪那山
那溪水长流．．

山 那 边 的 味 道

山 那 边 的 味 道

那溪 那山

您懂得 ㉑ 款美食

☐ 2102 最爱啃凤爪🔥		3元/个
☐ 2104 椒麻杏鲍菇🔥		9.9元/份
☐ 2110 外婆的待客菜♪		13元/份
☐ 2109 辣上瘾的口水鸡🔥♪		19元/份
☐ 2112 雪梨遇见山楂糕🔥		13元/份
☐ 6105 宫保鸡丁♪★		19元/份
☐ 3101 陈麻婆豆腐🔥♪▦		9元/份
☐ 4101 三杯土豆鸡中翅🔥		29元/份
☐ 7103 诱惑小土豆🔥♪		15元/份
☐ 4104 沙律鲜果虾🔥		23元/份
☐ 4107 菠萝菠萝鸡🔥		19元/份
☐ 3114 山城辣子鸡♪♪♪		29元/份
☐ 3103 那溪毛血旺🔥♪♪♪★		36元/份
☐ 5103 有脾气的烤带鱼🔥♪♪		8元/根
☐ 3118 养生芝麻豆腐🔥♪♪▦★		16元/份
☐ 3107 青城山的老腊肉🔥		22元/份
☐ 3102 好吃的香辣鱼🔥♪♪♪★		29元/份
☐ 3108 家乡回锅肉♪		26元/份
☐ 3106 忘不了的酸菜鱼🔥♪♪		39元/份
☐ 4103 麻辣诱惑那溪鱼🔥♪♪♪★		39元/份
☐ 7108 大大的烤面包🔥★		19元/份

那溪那山 2014 年的菜单

台号 _____ 人数 _____ 纸巾 _____

★招牌菜 Signature dishes ☆推荐菜 Recommended dishes ⊞网友超爱人气菜 The popularity of the dish 〟微辣 Spicy 〟〟中辣 Spicy 〟〟〟大辣 Spicy

那溪那山

凉菜

- □ 2101 川北凉粉〟 — 6元/份
- □ 2102 爽爽啃凤爪〟 — 3元/个
- □ 2103 泉水泡菜〟 — 5元/份
- □ 2104 椒麻杏鲍菇 — 9.9元/份
- □ 2105 双椒黄瓜〟 — 6元/份
- □ 2106 桃仁乳瓜 — 16元/份
- □ 2107 三色土豆泥 — 13元/份
- □ 2108 橄榄油拌万年青 — 9元/份
- □ 2109 辣上瘾的口水鸡〟 — 19元/份
- □ 2110 外婆的待客菜〟〟 — 13元/份
- □ 2111 藕遇那溪那山☆ — 16元/份
- □ 2112 雪梨遇见山楂糕〟 — 13元/份
- □ 2113 夫妻肺片〟 — 26元/份
- □ 2114 水果周万涨〟 — 19元/份
- □ 2115 那山蒜泥白肉〟 — 19元/份
- □ 2116 那溪上上签〟〟 — 23元/份
- □ 2117 自制酱鸭 — 29元/份

山那边的味道

- □ 3101 陈麻婆豆腐〟 — 9元/份
- □ 3102 好吃的香辣鱼〟〟★ — 29元/份
- □ 3103 那家毛血旺〟★ — 36元/份
- □ 3104 外婆下饭菜〟 — 19元/份
- □ 3105 幺妹恋上宫保虾〟〟 — 46元/份
- □ 3106 忘不了的酸菜鱼〟〟 — 39元/份
- □ 3107 青城山的老腊肉〟 — 22元/份
- □ 3108 家乡回锅肉〟 — 26元/份
- □ 3109 那溪水煮鱼〟〟 — 49元/份
- □ 3110 金汤肥牛〟 — 39元/份
- □ 3111 唐春小酥肉〟 — 19元/份
- □ 3112 水煮肉片〟〟 — 26元/份
- □ 3113 草堂智时蔬〟 — 19元/份
- □ 3114 山城辣子鸡〟〟 — 29元/份
- □ 3115 麻辣传奇嫩牛蛙〟〟 — 46元/份
- □ 3116 萝卜干爆老腊肉〟 — 29元/份
- □ 3117 非尝麻辣香锅鸡〟〟 — 39元/份
- □ 3118 养生芝麻豆腐〟〟★ — 16元/份
- □ 3119 老坛酱椒鱼头〟 — 29元/份

那溪那山粉丝菜

- □ 4101 三杯土豆鸡中翅〟 — 29元/份
- □ 4102 甜蜜生活〟 — 18元/份
- □ 4103 麻辣诱惑感即溪鱼〟〟★ — 39元/份
- □ 4104 沙煲鲜果虾〟 — 23元/份
- □ 4105 金沙鹅皮豆腐 — 19元/份
- □ 4106 芝麻豆腐蒸水蛋〟 — 10元/份
- □ 4107 菠萝菠萝鸡〟 — 19元/份
- □ 4108 泰式咖喱煮时蔬〟 — 26元/份
- □ 4109 那溪沾虾〟★ — 29元/份
- □ 4110 鱼香肉丝〟 — 26元/份
- □ 4112 豆汤健康煮四宝 — 19元/份
- □ 4113 剁椒粉丝蒸金针菇〟 — 19元/份
- □ 4114 干锅麻辣就鱼鳕〟〟★ — 29元/份
- □ 4115 咖家酱皮茄〟 — 19元/份
- □ 4116 鱼骨芝麻豆腐汤 — 8元/份

烤动力

- □ 5101 烤鱼豆腐〟 — 2元/串
- □ 5102 疯狂烤翅〟 — 8元/只
- □ 5103 有脾气的烤带鱼〟〟 — 8元/份
- □ 5104 烤扇贝 — 5元/个
- □ 5105 烤花蛤 — 19元/份

全城热恋的味道

- □ 6101 成都煎蛋汤 — 8元/份
- □ 6102 咖家土豆丝〟 — 12元/份
- □ 6103 妈妈小白菜 — 12元/份
- □ 6104 鱼香茄夹〟 — 16元/份
- □ 6105 宫保鸡丁〟★ — 19元/份
- □ 6106 干煸豆角〟 — 19元/份
- □ 6108 口味有机花菜〟 — 19元/份
- □ 6109 五谷粉蒸肉〟 — 23元/份
- □ 6110 珍蓝牛仔粒〟 — 29元/份

慢生活

- □ 7101 那溪乡村豌豆央〟 — 13元/份
- □ 7102 慢炖老豆腐 — 10元/份
- □ 7103 诱惑小土豆〟 — 15元/份
- □ 7104 豆角蟹味菇〟 — 13元/份
- □ 7105 粗粮拼盘〟 — 29元/份

- □ 7106 蒜茸粉丝蒸娃娃菜 — 19元/份
- □ 7107 老坛酱椒三样菜〟 — 19元/份
- □ 7108 大大的烤面包〟★ — 19元/份
- □ 7109 面包诱惑至尊版 — 26元/份

我家厨房

- □ 8101 米饭 — 2元/碗
- □ 8102 酸辣粉〟 — 6元/份
- □ 8103 担担面〟 — 6元/份
- □ 8104 豌杂小面〟 — 6元/份
- □ 8105 小米金瓜粥 — 5元/份
- □ 8107 粗粮紫薯包 — 13元/份
- □ 8108 艾叶糯米糕〟 — 13元/份
- □ 8109 外婆炒饭〟 — 16元/份
- □ 8110 醪糟小汤圆 — 5元/份
- □ 8111 手抓饼 — 5元/份
- □ 8112 吉祥三宝 — 9.9元/份

慢品

- □ 9101 芝士酸奶〟 — 9.9元/份
- □ 9102 芝士芒果布丁〟 — 9.9元/份
- □ 9103 红豆沙小丸子〟 — 9.9元/份

慢饮·奶茶

- □ 1020 招牌奶茶〟 — 9.9元/杯

慢饮·鲜榨

- □ 1021 润喉清肺雪梨汁〟 — 11.1元/杯
- □ 1022 红枣山药汁〟 — 12.2元/杯
- □ 1023 木瓜汁〟 — 12.2元/杯
- □ 1024 清香玉米汁〟 — 11.1元/杯
- □ 1025 红豆沙牛奶 — 11.1元/杯

慢饮·果茶

- □ 1026 韩式蜂蜜柚子茶〟 — 8.8元/杯
- □ 1027 韩式蜂蜜柚子茶〟 — 25.1元/扎
- □ 1028 那溪冰橘茶〟 — 8.8元/杯
- □ 1029 那溪冰橘茶 — 25.1元/扎
- □ 1030 百香世果双果爽〟 — 8.8元/杯

慢饮·浓缩

- □ 1031 老北京古法酸梅汁〟 — 7.9元/杯
- □ 1032 老北京古法酸梅汁〟 — 22.2元/扎
- □ 1033 荔枝VS青柠檬〟 — 8元/杯
- □ 1034 柠檬可乐爽〟 — 8元/杯

那溪那山 2014 年的菜单（续）

此时的菜单无品类、无爆品、无结构、无图片、无引导，只是让消费者有个可以点餐的单子。

养生茶饮

- □ 1218 黑五类13元/杯　黑五类13元/杯
- □ 1220 红五类13元/杯　红五类13元/杯
- □ 1229 48元/瓶
- □ 1230 48元/瓶

甜品

- □ 1219 手工老酸奶　9.9元/杯
- □ 1221 芝士酸奶　9.9元/杯
- □ 1224 韩式蜂蜜柚子茶　9.9元/瓶

果汁

- □ 1215 维C冰糖果茶　8元/杯
- □ 1227 维C冰糖果茶　25元/瓶
- □ 1223 韩式蜂蜜柚子茶　8元/杯
- □ 1225 韩式蜂蜜柚子茶　25元/瓶

鲜果蔬

- □ 1201 美容美颜(小瓜+牛奶)　12.7元/杯
- □ 1204 阿娃清新爽柠檬汤　28元/几
- □ 1203 养颜美颜(苹果香蕉+橙汁)　9.9元/杯
- □ 1202 果白莓柳(红西瓜+橙汁)　11.8元/杯

酸奶冰淇淋

- □ 1209 红豆沙牛奶　11元/杯
- □ 1213 芒果冰沙　9元/杯
- □ 1211 招牌奶茶　9.9元/杯

玫瑰冰饮

- □ 1217 柠檬汽水醇　8元/杯
- □ 1216 老北京冰法酸梅汤　8元/杯
- □ 1226 那溪那山冰法酸梅醇　22元/瓶

蓝蓝的天　有条红土山坡

倒一壶酒　听长江涛声依旧

春秋冬夏　盼着你回来走走

我的爱 在那溪那山的那儿　那溪那山

想起那年 油菜花开的时候　那溪那山

在这里　看的贝

心与心 不近　我的爱在那溪那山

我的家在那溪那山　那溪那山水长流

感·生活

- □ 7113 橙汁清蒸鱼 [会员价68元/份]　78元/份
- □ 7108 西班牙海盗面包　19元/份
- □ 7109 面包感感至极经典版　38元/份
- □ 7112 芽菜四肉 [会员价23元/份]　26元/份
- □ 7111 湘山药炒南瓜 [会员价26元/份]　22元/份
- □ 7106 莒麦粉丝蒸排骨 [会员价19元/份]　25元/份
- □ 7107 那溪酸菜扣肉 [会员价22元/份]　22元/份
- □ 7110 青菜味　22元/份
- □ 7104 豆香糯米糍 [会员价19元/份]　19元/份
- □ 7101 白灼双味 [会员价16元/份]　19元/份

运动力

- □ 5105 烤杂拌 [会员价25元/份]　26元/份
- □ 5101 烤南瓜　5元/个
- □ 5103 有渔味的烤带鱼　10元/串
- □ 5104 烤鱼豆腐　2元/串
- □ 5102 碳烤玉米　2元/只

我家厨房

- □ 8113 龙炒牛仔骨　6元/份
- □ 8107 热豆浆面　10元/份
- □ 8104 担担面　6元/碗
- □ 8102 酸辣粉　6元/碗
- □ 8110 椰汁小汤圆　5元/碗
- □ 8112 招牌卡通包　9.9元/份
- □ 8111 手抓饼　6元/张
- □ 8101 米饭　2元/份
- □ 8109 外婆红豆饭　16元/份
- □ 8105 小米杂瓜粥　5元/碗

- □ 6103 那溪小白菜　12元/份
- □ 6102 咱家土豆丝 [会员价5元/份]　9元/份
- □ 6101 成都限量酱酒5元/份

那溪那山粉丝菜

- □ 3118 养生荞麦豆腐　16元/份
- □ 4101 三杯土豆四中翅　35元/份
- □ 4314 烤汁鲅鱼 [会员价29元/份]
- □ 4104 沙煲鲜果季 [会员价23元/份]　25元/份
- □ 4105 金沙脆皮豆腐 [会员价19元/份]　29元/份
- □ 4102 蒸鲜果汤 [会员价22元/份]　25元/份
- □ 4107 滚烫爱豆网 [会员价19元/份]　22元/份
- □ 4108 麦式咖喱德水货 [会员价29元/份]　38元/份
- □ 4110 滚烫小豆豆 [会员价15元/份]　16元/份
- □ 4110 麻辣感那溪那溪鱼 [会员价39元/份]　48元/份
- □ 4113 剁椒鲜豆蒸针语 [会员价19元/份]　26元/份
- □ 4115 咱家烫蒸石锅　19元/份
- □ 4110 鱼香肉丝　23元/份

全城热恋的味道

- □ 6110 珍藏牛仔肉 [会员价29元/份]　38元/份
- □ 6112 养生荞油排骨 [会员价29元/份]　38元/份
- □ 6104 那溪老南瓜 [会员价22元/份]　26元/份
- □ 6109 干煸豆角　19元/份
- □ 6105 五倍包鸡丁 [会员价19元/份]　23元/份
- □ 6108 口味有机花菜　19元/份
- □ 6106 窝笋鸡丁 [会员价19元/份]　22元/份

招牌菜　推荐菜　网友超级人气　微辣　中辣　大辣

此时的菜单虽然有了图片，但依然无品类、无爆品、无结构，产品混乱。

我们不难发现，最早的菜单没有产品结构和经营思路，这就是我们常说的盲目经营，白白流走很多钱，却不知问题出在哪，这也是目前市面上依然可以看到的大部分菜单存在的问题。

学完菜单规划后调整的菜单，做到了降本增效、运营轻松，人工减少了 10 人，利润增长超过 20%，净利润从几万元增加到十几万元。只有赚钱了，并知道如何调整能够赚钱，才会慢慢找到经营的赢利之道。

看到我一直以来的聚焦和专注的努力转化出了这么多美好的成果，着实欣慰。

一位投资人曾跟我说，"聚焦才能升华"，现在我看到了最好的答案。

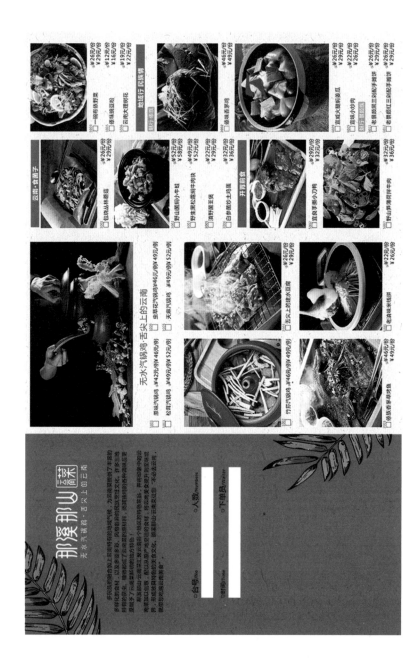

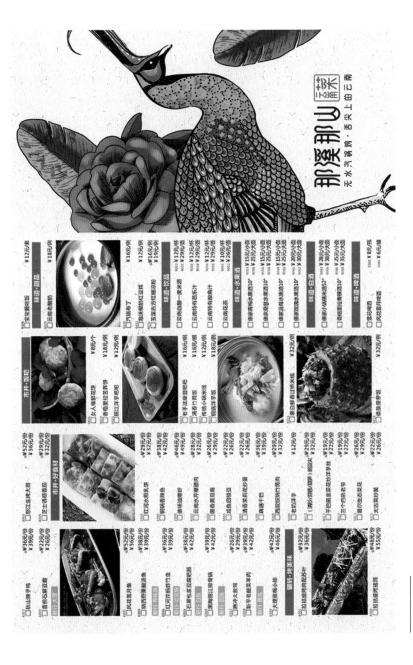

那溪那山学习菜单规划后的新版菜单

05

一家 35 年的 "老字号" 如何再度焕发魅力

中国文化博大精深，源远流长。在几千年的历史发展进程中，中华儿女凭借勤劳的双手和聪明才智创造出了无数的文化瑰宝。历史发展至今天，有些文化始终贯穿在中国人的衣食住行、思维方式之中，有些文化只有少数文化继承人在传播，有些文化随着时代变迁逐渐消失在历史长河中，也许只有到博物馆里才能见到了。但在我们日常生活中，仍然有一种文化依然亘古不变地传承着，那就是中华饮食文化。

1. 老字号真的会老吗

"民以食为天"，无论在哪个时代，吃饭都是一件非常重要的事，中华饮食文化因其自身的魅力和生命力成为世界上最受欢迎的一种传统文化。

然而随着时代的发展，以及95后、00后的成长，他们绝大多数人的家庭摆脱了贫困，也很少再有饥饿的记忆和物质匮乏感，因此他们的饮食习惯、消费理念、消费习惯、审美习惯与上一代人完全不同。

由于物质的极大丰富，导致很多人已经开始由繁入简，对物质的追求远远不是停留在"有"和"有更多"的阶段了。我们不难发现，很多好的品牌、大的品牌这几年都开始做减法。

对于消费者的种种变化，我们的很多老字号却习惯了一成不变、习惯了等客上门。最后也就习惯了品牌老了或是品类老了，也就退出江湖了，自己被市场淘汰也成了一种理所当然的习惯。仿佛一切的罪责都在这个品牌和品类身上，不知道这个品牌和品类给他带来了谋生和发财的机会，他却一直在耗损这个品类的原有价值，而没有不断地加持这个品类的新价值。

这种可怕的习惯局限了我们的思维方式和生意的进一步发展，所以也造成了老字号、老品牌不能得以复兴甚至被淘汰的结局。

但我依然相信有很多的企业创始人，在时代的进程里始终在学习、在为企业的发展而不懈努力，让老字号不断焕发出新的魅力。

2. 老字号的复兴靠谁

2018 年，有一位餐饮创始人带着团队一起上了门头战略和菜单赢利规划线下课程。这位创始人的品牌已经有 35 年的历史了，而且是在他所在的阳坊镇上第一家涮羊肉。当初凭借一间不足 15 平方米的街边羊杂汤、烧饼小店，靠着坚守品质，价格公道，童叟无欺。历经 30 多年的发展，阳坊胜利不仅成为一家全国连锁的涮羊肉品牌，拥有上游的自有牧场、星级酒店的产业集团，更是带动了阳坊镇上一大批涮羊肉品牌，形成了阳坊镇上最核心的区域产业。

阳防胜利简介

随着企业的发展，也必然会遇到越来越多的竞争对手。当竞争来临时，企业必然会被抢夺和分化市场的份额。更棘手的是，竞争对手很有可能会跟你争抢第一的位置，这将很可能使我们的地位动摇。

阳坊胜利涮羊肉也遇到了这样的威胁，所以任何企业在历史长河中都不能掉以轻心。当品牌遇阻，创始人或负责人更需要从战略的角度重新思考企业品牌的发展方向，同时又需要找到与战略落地配称的思路和方法，关键在于品牌负责人及其团队的执行力。很多企业是上一辈人打下的根基，品牌要继续发展、创新，就需要靠新一代的接班人。而我们看到了一位优秀的接班人在品牌遇阻时不断学习和做出抉择的魅力，或许这才是能够带动品牌不断焕发生机的源力所在吧！

3. 老字号的改变增长

不得不说，这家企业的学习力和执行力非常强，他们的成果也让我们讲授的内容再一次得到了更好的实践。学习结束后，他们通过对一家老店和一家总店两个月的调整，一个月投入到店面运营中，2018 年 9 月两家店的营业额同比增长了23.3% 和 19.4%。

都说 2018 年餐饮业下滑明显，但能够比 2017 年 9 月有这么大幅度的增长，企业方也感到非常高兴。每次看到学员们通过学习、落地调整后的改变、提升，我们都感到很兴奋，这应该就是能够创造价值的精神需求吧！

营业数据变化（9月份同比）　阳坊胜利 涮羊肉　阳坊涮羊肉 胜利才正宗

胜利老店：
9月份较同期增加23.3%

胜利总店：
9月份较同期增加了19.4%

阳坊胜利的营业数据变化（9月份同比）

从无到有，从一个小镇的一家小店到现在成为一个镇上的支柱企业，阳坊胜利迈出了第一步，在时代的进程里做出了巨大贡献。如今的很多北京人都会驱车几十公里去羊坊镇吃涮羊肉，可见品牌的影响力之大。刚刚说了他们遇到了竞争对手，到底是什么原因导致阳坊胜利开始担心自己的地位呢？市场分析是非常重要的一环，否则你的战略重心很可能只是自己想的，得不到市场的验证。

这里一是要考虑竞争对手，二是清晰地知道自己所处的位置。结合余奕宏老师在"门头战略导航班"上讲的竞争战略模型，我们就会很容易发现自己的战略方向在哪以及该如何使力。再结合品类品牌的信息核弹头来占领消费者的心智，通过门头来重塑品牌理念和形象。这是外围的攻势。

以下是阳坊胜利老店和总店的门头调整前后的案例图片。

胜利老店门头调整前后对比

阳坊胜利总店调整前的门头

阳坊胜利总店调整后的门头

余奕宏老师说，门头是金字招牌，是使命、愿景、价值观，好的门头就是对用户的一种感召。

内部做什么呢？这里的内部是指对餐厅内部的运营，当然少不了如何降本增效，做好用户体验来提高留客、复购的效率。

从哪里入手呢？那就是菜单。

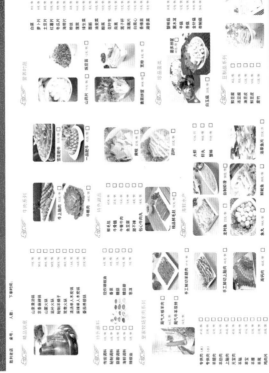

菜单规划调整前的阳坊胜利菜单

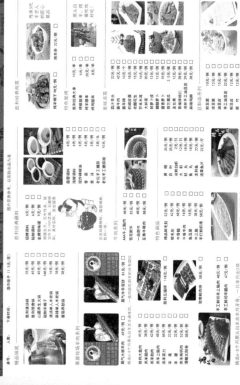

菜单规划调整后的阳坊胜利菜单

通过将旧菜单与新菜单进行对比，我们不难发现，新的菜单中整个品牌的文化、信任感和形象焕然一新，这是视觉上的。更核心的在于菜单内在结构的调整，只有通过不断地调整结构，才能形成与营业利润目标匹配的菜单结构。记住：菜单是消费者购买产品、企业产生利润的核心。

新菜单进行了品牌色系的改变、品牌文化的挖掘、产品分类、数量、命名、文案的相关调整，呈现出一个更加崭新的、有品牌质感的内容和设计。这样的调整、升级使得两家店的营业额同比都取得了良好的增长。

如果你还在问，怎样才能升级品牌，怎样才能使用户增长，怎样才能使营业额提升，相信通过本书能够让大家对菜单规划的领悟更进一层。也希望在这个充分竞争的环境下，大家能够脱颖而出，能够降本增效。

最后我想说的是，老字号的"老"不该是老旧的老，而应该成为有底蕴、有文化、有匠心、更有创新力的代表。

06

她节省 60 万元，却带来业绩 200% 的增长

我们发现，有的人可能当下花了很多时间、金钱却没有换回来更多的回报，而有的人可能当下花了很少的时间、金钱却

得到了让自己更加惊喜的回报。

对于前者而言，他们是做错了什么吗？对于后者而言，他们又做对了什么呢？

人生在于选择，而选择在于你的认知，认知不是那些虚无缥缈的想法，而是对当下的判断和抉择。

作为创始人或者公司的领导，其实更多时候需要掌控公司方向的正确性、持续性以及增长能力。

这个时候，认知水平的高低决定了如何选择，决定了下一步该如何走。

今天跟大家分享的这个案例非常经典，也很值得学习。

该店创始人是我们一开始开课时就决定来学习的学员，她通过学习和改变以后，在东莞得到了很多同行的认可，大家纷纷向她取经。

她之前并不认识我们，她的这个选择更多是由当下的情境决定的。我们在采访她时才知道，她当时是遇到了经营上的压力，自己不会管理店面。

她原来经营一家开在学校旁边的十几平方米的外带小店，随后在当地 CBD 商圈开了一家 200 多平方米的店面，她有点茫然了，业绩也上不去。因为她在打造这家店的时候是受身边网红店的影响，所以也想做成她看到的网红店。

当她由小店拓展出另一家大店的时候，为什么突然生意就不行了，也没法管理了呢？

这里给了我们一个很大的警示：千万不要随意模仿你看到的繁荣店面，你看到的可能只是一种表象而已。

她的这个问题，从品牌的角度来看，其实是非常明显的。因为竞争环境不一样了、人群不同了、消费需求也变了，整个店的运营模型也发生了根本上的改变。

这个时候如果没有清晰的经营逻辑，很可能令她以前开小店辛辛苦苦赚到的钱付诸东流。

小店旧门头：小妍子 + 手制甜点 + 饮料

大店旧门头：品牌标识＋小妍子手制甜点＋新派轻食甜品

大家想想，新派轻食甜品是个什么品类呢？明确吗？当创始人意识到问题的严重性后，她开始寻求解决经营困惑的路径。

因为自己不懂，所以她一开始想到最快的方式是找人帮她经营。她找了上海一家咨询公司报价60万元，而且这60万元仅仅是帮她选择品类。这个价格对一般的餐饮店来说，是一笔很高的费用。

于是她又换了一种方式，就是自己学习，比如开始看一些定位的书，也在网上找一些类似的文章。就在这种情境下，她找到了我们。

通过学习和实践改变，她从一个连品类都搞不清楚、对餐饮经营非常盲目的状态转变成越经营越有信心、越经营越有能量的创始人。

自那时起，她不再依赖于他人，而是探寻到经营的本质思维。

在品牌表达方面，小妍子在早期只有简单的两个部分：小妍子＋手制甜点。现在的品牌表达则完善成以下内容。

品 牌 名：小妍子

品 　 类：手制酸奶

口 　 号：除了爱，无添加

信 任 状：东莞宝妈优选甜品店，怀孕妈妈必选甜品店

招 　 牌：手制酸奶

明星爆品：牛奶桃胶芋圆糖水

品牌故事：2013 年，她用女儿的名字小妍子开了一家 11 平方米的小店，选的位置是在旧城区的一所小学旁边，只卖酸奶和布丁。为的就是在孩子们放学后，能有一件无添加的甜品吃。

将以上一套完善的品牌信息展示给了消费者，同时达成了共赢，即消费者喜欢有认知的品牌，店里的生意也一天比一天好。

从小妍子手制甜点到手制酸奶，以及上面一套完整的品牌表达，她越经营越有信心，通过不断实践产生了巨大改变。

作为创始人，她也经历了一段思考和纠结的过程。所以，创

始人要有勇于改变的气魄。从我们的采访中，发现她经历了大概三个阶段。

第一阶段

这位创始人我们叫她妍妈，她在第一天上课中午休息时间就开始通知公司的人说："我们要拆招牌。"不过，当时她在选择酸奶和桃胶糖水上还是有困惑的。

学完两天课程后，她在回去的路上决定选择酸奶，虽然桃胶芋圆糖水很多时候卖得比酸奶还好。

大家思考一下：如果换成你，你会选择哪个？为什么？

当妍妈把门头换掉，听到消费者的一些反馈后，她开始真正理解什么是品类以及品类的价值所在，真正意识到品类的重要性。

通过对品类的聚焦和重塑，以及提炼了一句口号"除了爱，无添加"，同时在宣传上也着力于品类的方向，越来越多的人知道了小妍子手制酸奶。

消费者认知的过程可能会相对缓慢，需要几个月的时间。

妍妈最重要的合伙人是她的先生，她不光拉着团队，当然还要拉着她的先生一起，所以再次来听了我们的课，这样团队在思想上才会更有碰撞和共识。

小店新门头

品牌标识 + 小妍子手制作酸奶 + 除了爱，无任何添加剂

大店新门头

品牌标识 + 小妍子手制作酸奶 + 除了爱，无任何添加剂

将两个门头的展示做了统一，最重要的是门头信息简单、明确、易识别。

第一个阶段主要是把门头换掉，重新选择了品类。

第二阶段

品牌的表达我们之前讲过，有六个一，其中有一个特别重要，就是信任状。信任状为什么是小妍子第二阶段的重点呢？因为当妍妈得到这个信任状的时候，她说："自从有了这两句信任状，我简直如虎添翼！"生意上了一个台阶，尤其外卖店铺的销量更是快速提升，原来和竞争对手差不多，现在月售单量从 1 500 单左右增长到 3 000 多单，而竞争对手也做了一些动作甚至促销，但还是没什么增长。

妍妈的客单价是 80 元，一个月光外卖的销售额就在 25 万元左右，足足翻了一倍多。在这个销量中，大客户的单也越来越多，说明整个品牌越来越受欢迎、势能也越来越高。

到底是什么样的信任状，让小妍子这个品牌发生了如此巨大的转变呢？那就是这一句："东莞宝妈优选甜品店，怀孕妈妈必选甜品店。"

很多做餐饮的人或是做甜品的人看到这句话的时候，或许会觉得这样不是把人群界定窄了吗？其实这个想法就是我们常说的，犯了内部思维的错。

这一句话，其实是加持和打动了一个消费者在选择健康的、无添加剂甜品时候的信任。如果从外部思维去思考这个信任状的时候，我们就会深深地感受到这个信任状的魅力所在了。

妍妈说，在以前的思维和观念下不敢这么说，怕只有孕妇光顾；现在认知不一样了，越是把人群明确，真的是越聚焦，客人的记忆点越深。

第二个阶段把信任状加持到品牌和产品上了，完成了更好的消费者认知，提升了整个经营的认知效率，同时菜单上也完整地体现了这一点。

第三阶段

当我们的品类聚焦、方向明确的时候，就要安定下来好好运营产品和用户了。在这个时候，什么更重要呢？那就是菜单规划，当然前面两个阶段也会改菜单，但是当我们方向不明确的时候，改菜单上的其他要素就很可能有误。所以这个时候就要根据品牌所处的阶段，甚至季节的转变来规划菜单。因为菜单规划是一个动态的过程，要根据经营的目标、品牌所处的阶段和竞争状态进行规划调整。一个产品排在菜单的什么位置、运用什么样的文案、体现什么样的形象等，都需要我们用心。

我们来看最新版的菜单，在调整的过程中，她给我看了不下三四版菜单，每次她对菜单的改变都有新收获。学知识一定要有实践，实践后你才会发现学习的美好。这是妍妈做得特别好的一点。

另外，她每天花时间去看各种评论和留言，亲自去回复。她现在信心满满地说："我更了解我的客人了，也更能了解产品在他们心目中的感受是怎么样的了。"

所以我们发现这一版菜单的文案更有温度、更贴合消费者的需求，同时也形成了对消费者的引导。当然，她还重新划分了分类、精减了产品数量，并进行了整体结构上的调整。

通过对门头和菜单的调整，小妍子更直观的表现是外卖平台的销量越来越高。她的同行则认为，"甜品在冬季是淡季，没什么人吃甜品"，还主动找到妍妈问她有什么办法过冬。难道淡季因素真的是导致冬季经营下滑的真正原因吗？

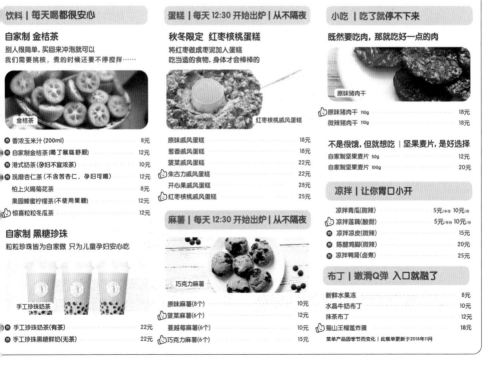

学习菜单赢利规划后的其中一版菜单

妍妈通过对菜单的调整，使得产品在冬季的销量依然呈现非常好的势头，在 12 月份一个单品牛奶桃胶芋圆糖水单月售卖 3 000 多份。而之前一个月采访她的时候，这个产品的月售卖量为 2 000 多份。

小妍子的热（自制芋圆）牛奶桃胶芋圆糖水销售情况

当我们越了解我们的顾客，也知道菜单的重要性，并懂得去驾驭菜单让消费者体验更好而店家生意更加兴隆的时候，我们就会慢慢找到经营的正确思路和规律。

这里再借妍妈实践菜单规划后体悟到的一句话：菜单真的是可以改变客人对品牌的认知。

我说，当然可以，这应该是我们提供给顾客美好一餐的解决方案。

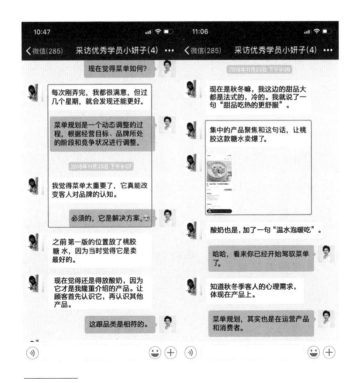

采访小妍子语录

这里给大家展示了：

- 一个品牌的品类从模糊到清晰
- 一个品牌的品牌表达从模糊到清晰
- 一个品牌对菜单的重视与规划，开启了餐饮持续经营的力量，可以更有自信的应对餐饮行业的不景气周期

门头战略能帮助我们找到经营的核心方向，能让我们在不同历史阶段确立和优化品牌。

菜单规划则是规划餐厅的经营要素，能够让顾客一直眷顾我们，不仅可以降本增效，还让我们能够持续、高效地经营下去。

如果把创始人比作船长，品类一如船长找到了那个闪着光亮的灯塔，有了一个明确前行的方向。

但如何能够排除万难驶向那个灯塔，我们还需要通过船员、设备、能源等的有效配置，达到天时地利人和并不断地调整速度，才能更高效地到达我们的目的地，这就是菜单规划的价值。

祝愿大家心中有灯塔，无惧于未来！

后　记

相信读完本书，你对菜单会有不同的理解，对菜单规划对于经营的重要性也会有更深的见解。菜单是一家餐厅的品牌表达，菜单是一家餐厅的无声推销，菜单是一家餐厅的赢利模型，这三个战略型的观点综合体现了菜单的核心价值。

我们的理论体系从实践中来，反复打磨、迭代，这才有了我们越来越多的学员运用所学不断地规划、调整菜单所带来的改变。这种改变不仅是业绩的提升，更是思维的改变。因为思维是认知的转变，是成果实现的前提。

我老家南通也有不少学员，2019 年回南通过年聚会，其中一位是南通原著名餐饮企业刘巧儿的老板昝总，他拿来了两个品牌分别改了两次的菜单，满面笑容并非常自豪地说："我来交作业了，自从 2018 年 6 月上了余老师的门头战略课和王老师的菜单赢利规划课，锅里岩品牌下半年的利润是上半年的一倍……"当然这也离不开昝总的学习力、领悟力和团队执行力。

学习课程只是开始，一切成果都有待实践。令我特别高兴的不只是他们的业绩得到了增长，更重要的是学习后他们的思维得以转变，席间昝总笑容不断。

昝总说："以前只会看现象，比如把别人店面的广告词拿过来改一下，也不知道原因是什么，别人出个新产品我们也很容易做出来……但是现在我们不这样干了，我们知道了餐饮经营的'原理'。"

听到这里，我不禁问昝总以前是做什么的，因为很少有人和我说"原理"这个词，但恰恰这是非常重要的。昝总说："我当过数学老师，在部队里待过，还在深圳、哈尔滨做过生意。"原来如此，能参透我们知识原理的一定是有阅历和学识的人。

昝总说："我原来对菜单也不够重视，都没有亲自抓过。现在学习后我带领团队亲自抓菜单，先把品类战略里的信息核弹头的关系搞清楚并且重新调整了，这在消费者外部认知上是关键的一步。然后重新规划菜单，做了两轮重大的改变，使得我们的利润越来越高。同时，锅里岩已经成为当地那个购物中心整体分值最高的一家店了，还获得了很多荣誉，被竖立为当地的模范典型。"

之后我又跟昝总沟通了几次，我说"菜单规划是企业的核心所在，随着企业的发展和面临的竞争，需要不断规划、调整，不是说一学一用就完事的"，他说"是的，学完我已经有了思路，开春后还会再度调整，计划是在一年四季都做好新的规划"。

菜单规划是需要不断迭代并与时俱进的，它是创始人的一把手工程，需要一个团队的共识和执行力。我们前面讲的一些案例，无不是创始人亲自学习、带领整个团队或是送相应部门的高管来学习。

菜单决定着经营，因为企业规模大小不同、经营处于不同的阶段，重新规划后最好是先做测试，即在一两家门店投入运营测试。在测试之前要对员工进行上岗培训，以便更好地让顾客体验菜单运用的流程。

最后，我们也要注重线上线下的宣传，广而告之，快速占领消费者的认知。无论是一个产品、一组产品还是整家门店的菜单重塑，其基本逻辑是大同小异的，这也是我们课程上重思维的价值体现。

很开心能够看到聚焦菜单规划、持续输出价值给学员带来的改变和个人品牌的成长，通过一张小小的菜单能够洞穿经营的本质，从现象看到其更深层次的经营逻辑。"菜单规划"

这个品类就像是打开了我认知世界的新大门，让我能够更加自由地翱翔于知识的海洋、思想的美丽殿堂。

愿所有看到本书的人都能够改变思维，提升经营能力，为自己的生活开创更美好的未来。

王小白

2019 年 5 月 18 日